L'OBÉISSANCE PASSIVE
DANS L'ARMÉE
18 Brumaire. — 2 Décembre 1851. — 29 Octobre 1870 à Metz.
LE TRAITRE BAZAINE

Conseil de guerre tenu le 18 octobre 1870.

L'armée de Metz déclare qu'elle est toujours l'armée de l'Empire, décidée à soutenir le Gouvernement de la Régence. Cette déclaration coïncidera avec un manifeste de Sa Majesté l'Impératrice régente au peuple Français.......

Composition du Conseil de guerre tenu le 18 octobre 1870.

PRÉSIDENT : Bazaine, maréchal de France.

MEMBRES : Canrobert, maréchal de France ; Lebœuf, maréchal de France; Frossard, général de div.; Ladmirault, général de division ; Desveaux, général de division : Coffinière, général de division, Gouverneur de Metz ; Soleil, général de division, commandant l'artillerie.

SOMMAIRE :

Dédicace. — Situation politique et militaire de la France au 15 juillet 1870. — Bazaine ! Etat des services du maréchal Bazaine. — Notes sur sa vie privée. — Son mariage avec une fille publique de Tlemcen. — Les intrigues de cette femme. — Son empoisonnement. — Les agissements de Bazaine au Mexique. — Bazaine est nommé au commandement de l'armée du Rhin. — Batailles de Borny et de Gravelotte. — Défense des lignes d'Amanvilliers. — L'agonie d'une armée française. — Blocus de Metz. — Combat livré le 31 août. — Continuation du blocus. — Régnier, l'espion prusso-bonapartiste. — Son entrevue et ses pourparlers avec le maréchal Bazaine. — Combat de Ladonchamp. — Bazaine cherche à entraîner son armée contre le Gouvernement de la Défense nationale. — L'armée française est déclarée prisonnière de guerre. — L'obéissance passive dans l'armée. — Bazaine et les généraux de l'armée du Rhin. — La dernière heure de Metz. — Les protestations signées. — Condamnation à mort et à la dégradation militaire du maréchal Bazaine. — Conclusion. — Historique succinct du journal la SENTINELLE DE NANCY. — Duel. — Procès. — Condamnation de son directeur à 4 mois de prison et 5,000 francs d'amende par certains magistrats de Nancy pour avoir diffamé les complices de Bazaine. — Lettre de M. Hérisson, aujourd'hui Ministre du commerce, relative à ces magistrats. — Indignation de ce patriote.

PAR EUGÈNE ROIFFÉ,

Officier en retraite, ancien Conseiller municipal de Toulouse, ancien directeur de la « Sentinelle de Nancy. »

Condamné en 1876, à 4 mois de prison et 5,000 francs d'amende par certains magistrats de Nancy pour avoir diffamé les complices de Bazaine.

Prix : DEUX FRANCS

Tous les renseignements sur la vie privée de Bazaine ont été donnés à M. Roiffé par son oncle maternel M. le général Tisserand qui en 1858 et 1859 commandait à Bourges.

L'OBÉISSANCE PASSIVE
DANS L'ARMÉE

18 Brumaire. — 2 Décembre 1851. — 29 Octobre 1870 à Metz.

LE TRAITRE BAZAINE

Conseil de guerre tenu le 18 octobre 1870.

L'armée de Metz déclare qu'elle est toujours l'armée de l'Empire, décidée à soutenir le Gouvernement de la Régence. Cette déclaration coïncidera avec un manifeste de Sa Majesté l'Impératrice régente au peuple Français......

Composition du Conseil de guerre tenu le 18 octobre 1870.

PRÉSIDENT : Bazaine, maréchal de France.

MEMBRES : Canrobert, maréchal de France ; Lebœuf, maréchal de France; Frossard, général de div.; Ladmirault, général de division ; Desveaux, général de division ; Coffinière, général de division, Gouverneur de Metz ; Soleil, général de division, commandant l'artillerie.

SOMMAIRE :

Dédicace. — Situation politique et militaire de la France au 15 juillet 1870. — Bazaine! Etat des services du maréchal Bazaine. — Notes sur sa vie privée. — Son mariage avec une fille publique de Tlemcen. — Les intrigues de cette femme. — Son empoisonnement. — Les agissements de Bazaine au Mexique. — Bazaine est nommé au commandement de l'armée du Rhin. — Batailles de Borny et de Gravelotte. — Défense des lignes d'Amanvilliers. — L'agonie d'une armée française. — Blocus de Metz. — Combat livré le 31 août. — Continuation du blocus. — Régnier, l'espion prusso-bonapartiste. — Son entrevue et ses pourparlers avec le maréchal Bazaine. — Combat de Ladonchamp. — Bazaine cherche à entraîner son armée contre le Gouvernement de la Défense nationale. — L'armée française est déclarée prisonnière de guerre. — L'obéissance passive dans l'armée. — Bazaine et les généraux de l'armée du Rhin. — La dernière heure de Metz. — Les protestations signées. — Condamnation à mort et à la dégradation militaire du maréchal Bazaine. — Conclusion. — Historique succinct du journal la SENTINELLE DE NANCY. — Duel. — Procès. — Condamnation de son directeur à 4 mois de prison et 5,000 francs d'amende par certains magistrats de Nancy pour avoir diffamé les complices de Bazaine. — Lettre de M. Hérisson, aujourd'hui Ministre du commerce, relative à ces magistrats. — Indignation de ce patriote.

Par EUGÈNE ROIFFÉ,

Officier en retraite, ancien Conseiller municipal de Toulouse, ancien directeur de la « Sentinelle de Nancy ».

Condamné en 1876, à 4 mois de prison et 5,000 francs d'amende par certains magistrats de Nancy pour avoir diffamé les complices de Bazaine.

Prix : DEUX FRANCS

Tous les renseignements sur la vie privée de Bazaine ont été donnés à M. Roiffé par son oncle maternel M. le général Tisserand qui en 1858 et 1859 commandait à Bourges.

DÉDICACE

Je dédie cet ouvrage au Peuple.

En écrivant les lignes qui vont suivre, je n'ai pas voulu faire œuvre de parti pas plus que je n'ai obéi à un esprit de rancune et de vengeance, j'ai été guidé par un sentiment plus élevé en démontrant jusqu'à l'*évidence* que la honte de la capitulation de Metz et de l'armée du Rhin ne doit pas rejaillir sur les héroïques soldats qui en ont été les témoins et les victimes et qu'elle retombe de tout son poids sur la tête du traître, qui, obéissant aux sentiments mesquins d'une basse et vulgaire ambition nous a précipités dans l'abîme.

Le traître Bazaine et ses complices ont soulevé des haines nationales qui ne doivent jamais s'éteindre, que leur mort n'apaisera même pas.

Dans le cours de cet ouvrage, je démontrerai la trahison de Bazaine et je prouverai que ses complices ont conclu avec l'ennemi un marché infâme, en livrant aux Prussiens, leurs soldats, leurs canons et leurs drapeaux pour conserver leurs bagages et leurs chevaux.

Je le répète, en écrivant ces lignes, j'exerce un droit et j'accomplis un devoir.

Eug. ROIFFÉ.

Situation politique et militaire de la France

AU 15 JUILLET 1870.

> O généraux, maréchaux, familiers de César, souvenez-vous que si la France vous a gorgés d'or et d'honneurs, c'est qu'elle comptait qu'à l'heure décisive, vous sauriez déployer pour son salut un peu de courage et un peu de génie, or, elle vous a trouvés ineptes et lâches à l'heure du péril et notre génération ne peut plus avoir pour vous, sachez le bien, que la vénération qu'on éprouve pour les bouquins dorés sur tranches.
>
> Le Père MARCHAL,
> ex-aumônier de la garde impériale.

L'empire s'écroulait sous le mépris de l'Europe entière.

Le pouvoir touchait au désespoir.

Cette ridicule et sinistre comédie en était arrivée à son dernier acte.

Tous les mameluks de cet abominable régime : Rouher, l'auvergnat ; de Parieu, caméléon ; Ollivier, le rénégat ; Canrobert, l'homme du boulevard Montmartre ; Frossard, le futur héros de Forbach ; des magistrats flétris ayant sur le front cette note indélébile : Commissions mixtes, des traîneurs de sabre galonnés sur toutes les coutures, les mains rouges encore des massacres du 2 Décembre 1851, des sénateurs, vieux rabâcheurs, payés à 30,000 francs par an, portant sur leurs faces épanouies les stigmates de la servilité et de la bassesse ; tous ces valets, pour conserver leurs gages, se serraient avec épouvante autour du maître.

Le forban Verhuell-Bonaparte, sombre comme la nuit, promena son œil terne sur cette foule avilie et chercha dans son cerveau, fertile en expédients, du reste, un moyen rapide pouvant sauver la situation.

La candidature Hohenzollern venant à surgir, le moyen était trouvé.

Une grande expédition était devenue d'une absolue nécessité

pour faire diversion aux embarras multiples qui se présentaient ; la gloire militaire fut mise en jeu..... dans l'intérêt d'une dynastie née de la violence et qui ne se soutenait que par la corruption et le vol, on allait jeter la France dans les hasards d'une guerre atroce, sans avoir le bon sens de se préparer et de calculer préalablement quelles seraient nos chances de succès, sans se demander si on avait réellement l'approbation du pays.

Le 15 juillet 1870, date funeste, la guerre fut déclarée à la Prusse.

Le duc de Grammont, cet habile saltimbanque, prononça en cette occasion de boniment obligé.

Le maréchal Lebœuf, alors ministre de la guerre, frisa ses grosses moustaches, enfla ses grosses joues, grossit sa grosse voix, et, avec cette assurance que donne la sottise, prononça à la tribune du Corps législatif cet effroyable mensonge devenu historique : « Nous sommes prêts ; la guerre durât-elle deux ans , il ne nous manquera ni un homme, ni un bouton de guêtre !... »

Cet impudent personnage, bouffi d'un orgueil imbécile, descendit de la tribune couvert par les applaudissements d'une majorité idiote, négation de tout bon sens.

Les différents ministères s'occupèrent alors de la mise en scène du grand drame qui allait se jouer.

On réveilla le *père Chauvin*, dit *la Gloire*, de son assoupissement ; on l'affubla de sa houpelande d'ordonnance ; on mit sur son chef branlant et dénudé un vieux schako déformé où pendait, selon l'expression du poète, en guise de panache, un plumeau consterné; puis en avant ! battez, tambours ! sonnez, clairons ! flottez, drapeaux ! ! !

La vieille ganache héroïque ouvrit une bouche démeublée et râla tristement, sur l'air des lampions : Gare la Prusse ! gare la Prusse ! A Berlin ! à Berlin !

Ah ! Français, quelle pitié, quelle dégringolade ! quel revers de médaille ! Ce vieux brave, qui, dans sa jeunesse, avait rêvé et tenté l'annexion de l'Europe à la France, ce soldat de Fleurus et de Jemmapes, ce glorieux volontaire de 92, qui, parti de la Moselle en sabots, se battait encore en 1814 pour défendre nos frontières souillées par l'étranger ; ce vieux brave, dis-je, achevait une existence flétrie au milieu d'hommes ivres et de gavroches beuglant ou plutôt profanant la *Marseillaise.*

Ces manifestations inouïes, stupides, déplorables, payées par l'Empire, organisées et protégées par une police abjecte furent prises par beaucoup de niais pour du patriotisme de bon aloi. Qu'elle erreur ! Les honnêtes gens, les hommes de bon sens n'éprouvèrent qu'un sentiment de dégoût indéfinissable.

L'armée sombre, inquiète, mal commandée, complètement étrangère à ces tristes manifestations, réduite à 250,000 hommes, forma ses divisions et s'échelonna en corps éparpillés de Thionville à Strasbourg.

Le souffle pernicieux de l'Empire avait gravement atteint nos troupes, le gouvernement personnel avait natuturellement créé le commandement personnel, source de tant d'injustices. Chaque colonel était un petit potentat disposant à son gré de l'avenir des officiers et des sous-officiers de son régiment, selon ses caprices ou ses rancunes ; de là, des ferments de discorde, des haines sourdes et cachées qui amoindrissaient fatalement la discipline et détruisaient entièrement le respect que tout subordonné doit éprouver pour un chef juste et bienveillant.

Lorsque la guerre éclata, nos soldats obéissaient encore : ils allaient bientôt opposer une ténacité digne d'un meilleur sort, car l'amour de la patrie vivait toujours et malgré tout dans leur âme troublée ; mais l'affection et le respect pour leurs colonels et leurs généraux étaient bien morts ; on ne pouvait oublier leur participation aux crimes du Deux-Décembre.

Une double dégradation matérielle et morale se faisait remarquer dans nos états-majors. Ce personnel avait considérablement vieilli et paraissait usé ; nos généraux avaient pris du ventre, l'exercice du cheval pour certains était devenu un véritable supplice ; beaucoup de ces officiers, paresseux, ignorants, entraient en campagne sans plan arrêté et ne possédant même plus les notions élémentaires de géographie ; aussi, allaient-ils nous faire marcher de surprise en surprise et donner à leurs inférieurs le déplorable exemple de généraux abandonnant leurs soldats pour aller s'établir confortablement dans des châteaux de plaisance, situés parfois à sept ou huit kilomètres en arrière des lignes.

Tous ces éléments devaient inévitablement aboutir à un immense désastre.

Ajoutons que notre pauvre et malheureuse armée avait deux ulcères qui lui rongeaient le cœur : l'ignoble remplacement et les massacres du coup d'État ; elle se disposait néanmoins à faire bravement son devoir.

Au moment où la France se trouvait lancée dans les hasards d'une guerre dont on ne pouvait prévoir complètement les conséquences désastreuses, notre état-major des places, cette véritable succursale des invalides, était considéré comme le bureau de bienfaisance de l'armée, où de nombreux officiers, depuis le sous-lieutenant archiviste jusqu'au colonel, attendaient très patiemment sans rien faire, jusque dans un âge fort avancé, une retraite accrue par le *cinquième* et les nombreuses années de service en sus de la limite réglementaire arrêtée à cinquante-trois ans pour les officiers inférieurs, et soixante ans pour les colonels.

Le personnel de l'état-major des places fortes était donc for avancé en âge, fatigué, affligé de rhumatismes, peu instruit et aspirait au repos le plus absolu, lorsque les corps prussiens, comme de véritables avalanches, bondirent sur nos citadelles.

Quelques vieux braves pourtant, rajeunis par les malheurs de la patrie, endossèrent leurs glorieux uniformes avec orgueil et... difficulté, car le doux farniente dont ils jouissaient depuis si longtemps, tout en les gratifiant d'un embonpoint mal placé, avait rouillé considérablement leurs articulations.

Hélas ! adieu cette heureuse et splendide tranquillité ! adieu la sieste paisible aux baisers du soleil, ces bonnes parties de pêche sur les bords fleuris du ruisseau et ces bonnes soirées si douces, si calmes où l'on jouait le wisth à deux liards la fiche, soirées couronnées souvent par le lait de poule et le bonnet de coton traditionnel de cette complaisante Babet. Il fallut quitter momentanément toutes ces bonnes choses pour courir aux remparts et organiser la résistance.

Beaucoup de ces officiers ont fait preuve d'incapacité dans leurs fonctions et montré une faiblesse coupable en ne résistant pas à l'autorité civile, complètement effacée, du reste, par l'état de siège ; des circonstances atténuantes viennent cependant plaider en leur faveur.

Qu'on se souvienne que les garnisons de nos places fortes étaient considérablement réduites et composées de gardes nationaux mobiles ; soldats mal équipés, à peine armés, et dont l'instruction militaire souvent n'était même pas commencée.

Evidemment, nos commandants de place ont eu le très grand tort de ne pas assumer sur eux la responsabilité entière d'une défense vigoureuse poussée jusqu'aux dernières limites, mais, nous le répétons, leurs moyens de défense, souvent étaient nuls ou presque nuls, plusieurs places n'avaient pas de garnison et n'étaient ni armées ni approvisionnées.

Dix-huit années d'oppression et de saturnales avaient commencé à abaisser notre niveau moral, le souffle empoisonné de ce funeste Empire avait malheureusement corrompu beaucoup de consciences, la magistrature en partie vendue et avilie, les préfets, sous-préfets, maires et adjoints, ces séides du pouvoir, changés en courtiers électoraux ; des maréchaux et des généraux incapables, stupides, gorgés d'honneurs et de sacs d'argent ; presque toutes les têtes de colonne de nos régiments à plat ventre devant l'autorité, gens poussés par une ambition sans bornes et capables de toutes les platitudes et de toutes les infamies pour arriver. Une armée vaillante, il est vraie, mais diminuée des deux tiers :

Les quatrièmes bataillons de nos régiments en voie de formation ;
La garde nationale mobile non organisée.

Toutes nos places du Nord et de l'Est mal commandées, presque sans vivres et sans armement. (Les remparts de Metz ne furent armés que les 13 et 14 août et les forts dans le courant de septembre).

250,000 hommes seulement, éparpillés maladroitement entre Thionville et Strasbourg.

Puis, sur la frontière, devant Metz, l'Allemagne entière, sous les armes, préparée depuis cinquante ans, trois armées de 300,000 hommes chacune, réunies en masses profondes, des généraux capables, instruits, résolus, commandant à des troupes solides, exercées, disciplinées, victorieuse de l'Autriche, une artillerie formidable et bien servie, trois fois supérieure en nombre à la nôtre :

voilà dans quelles conditions nous avons follement commencé une guerre injuste pour soutenir et relever un Empire dégradé qui s'est lâchement écroulé dans la boue sanglante de Sedan, sous la risée et le mépris de l'Europe entière.

Il n'entre pas dans nos intentions de retracer ici les péripéties de nos désastres, nous resterons simplement dans le programme que nous nous sommes tracé ; démontrer jusqu'à l'évidence la culpabilité du maréchal Bazaine ; seulement, il était nécessaire de relater sommairement la situation du pays et de l'armée au moment de la déclaration de guerre, pour bien faire comprendre l'incurie, l'imprévoyance criminelle d'un gouvernement précipitant la France dans un abime effroyable, la livrant énervée, démoralisée et affaiblie aux coups d'un ennemi incendiaire, assassin et pillard; aussi, quelle confusion ! quelle retraite ! quel écrasement !...

BAZAINE !!!

Etat des services du maréchal Bazaine. — Notes sur sa vie privée. — Son mariage scandaleux avec une Mauresque de Tlemcen. — Les intrigues de cette femme. — Son empoisonnement. — Les agissements de Bazaine au Mexique. — Bazaine est nommé au commandement de l'armée du Rhin.

Bazaine, né à Versailles le 13 février 1811. Soldat, le 28 mars 1831, engagé volontaire, caporal, 8 juillet 1831 ; sergent-fourrier, 1832 ; sergent-major, 4 novembre 1832 ; sous-lieutenant, 1833 ; lieutenant, 1835. Mission en Espagne. En non-activité pour suppression d'emploi. Mission en Espagne en 1838 ; capitaine à la légion étrangère en 1839 ; chef de bataillon au 54e régiment de ligne en 1854 ; lieutenant-colonel au 19e régiment d'infanterie légère en 1848 ; colonel le 4 juin 1850 ; général de brigade des deux légions étrangères en 1854 ; général de division le 22 septembre 1855 ; inspecteur général en 1856 et 1857 ; commandant la 19e division militaire à Bourges en 1857 ; commandant la 3e division du 1er corps en Italie, 1859 ; commandant la 1re division d'infanterie au Mexique, 1862 ; commandant en chef le 16 juillet 1863 ; maréchal de France le 5 septembre 1864. Rentré en France en 1867 ; commandant de la division militaire en 1867 ; commandant du camp de Châlons, 1868; commandant en chef de la garde impériale, 1869, commandant du 3ᵉ corps d'armée à l'armée du Rhin, 12 août 1870; prisonnier de guerre, 28 octobre 1870; rentré en France, avril 1871.

CAMPAGNES. — Afrique, 1833, 1834, 1835;

Espagne, 1835, 1836;

Afrique : Alger et Oran, 1840, 1841, 1842, 1843, 1844, 1845, 1846, 1847, 1848, 1849, 1850, 1851, 1852, 1853, 1854;

Crimée, 1854, 1855, 1856;

Afrique, 1857;

Italie, 1859, 1860;

Mexique, 1862, 1863, 1864, 1865, 1866, 1867;

Armée du Rhin, 1870.

BLESSURES. — Coup de feu au poignet droit, au combat de la Macta (1835); coup de feu à la jambe droite, à la bataille de Barbastro (1837); contusion à la bataille de Borny.

DÉCORATIONS. — Chevalier de la Légion d'honneur, 1835; officier, 9 novembre 1845; commandeur, 16 août 1857; grand-officier, 20 juin 1859; grand-croix, 2 juillet 1863; médaille militaire, 28 avril 1865; médaille d'Italie (1859).

DÉCORATIONS ÉTRANGÈRES. — Chevalier de l'ordre de Saint-Ferdinand d'Espagne; chevalier de l'ordre d'Isabelle-la-Catholique; médaille de la reine d'Angleterre donnée par la reine elle-même; chevalier compagnon de l'ordre du Bain; médaille de la valeur militaire de Sardaigne.

L'existence de Bazaine n'a été véritablement qu'un tissu d'indélicatesses, d'infamies et de trahisons. Né à Versailles en 1811, il s'engagea à vingt ans et parcourut rapidement, — grâce à sa bravoure incontestée, les premiers échelons de la carrière des armes. Un concours heureux de circonstances, le fit arriver très jeune, malgré son manque d'instruction, à l'épaulette d'officier supérieur. En 1854, il était nommé général de brigade.

Se trouvant en garnison à Tlemcen, il devint éperdûment épris d'une fille d'une éclatante beauté, surnommée par les officiers de la garnison « la belle Mauresque », il l'arracha à ses nombreux adorateurs et la fit conduire secrètement en France, où cette prêtresse de Vénus fut élevée à la française et reçut une certaine instruction ; quelques années après, le silence s'étant fait sur cet enlèvement, Bazaine épousa officiellement sa Mauresque et la conduisit à la cour de Napoléon III, où elle fut accueillie avec empressement par l'impératrice. La vie de Mme Bazaine était parfaitement connue, mais à l'Elysée on ferma les yeux, ce qui n'étonna personne.

Lorsque Bazaine fut envoyé au Mexique comme commandant en chef, il laissa sa femme en France. Deux mois après le départ de son mari, elle était la maitresse d'un acteur de Paris, espèce de misérable, qui, après l'avoir ruinée et ne pouvant plus rien obtenir d'elle, envoya au général Bazaine, à Mexico, un paquet de lettres de sa vertueuse épouse. Ayant eu connaissance de cet envoi et se voyant perdue, la malheureuse s'empoisonna. *(Le bruit courut à cette époque que Bazaine connaissait la vie scandaleuse de sa femme et que c'est lui-même qui la fit empoisonner ; dans tous les cas, la mort de Mme Bazaine servit merveilleusement les projets de cet homme, car quelques temps après, il épousa Mlle Lopèse, Mexicaine très riche et dont il était devenu amoureux. Ajoutons que Mme Bazaine deuxième lui donna plusieurs enfants, condamnés aujourd'hui à porter un nom à jamais flétri).*

Deux passions vivent dans le cœur de Bazaine aux dépens de tous les bons sentiments : l'ambition et l'avarice. Au Mexique, secondé par un misérable de son entourage, il fit la contrebande sur une grande échelle et agiota sur les piastres mexicaines. Pour de l'or, cet homme a trahi son pays et vendu son armée ; aujourd'hui même encore, pour de l'or, ce monstre vendrait sa femme et ses enfants.

Dans le courant de l'année 1867, une lettre signée du général mexicain Ortéga parut dans le journal l'*Opinion nationale*. Ce général accusait Bazaine d'avoir vendu à son profit 2,000 fusils et 2,000,000 de capsules appartenant à l'Etat ; il lui reprochait également sa monstrueuse conduite envers feu Maximilien, l'ex-empereur du Mexique.

Personne n'ignore maintenant que le maréchal Bazaine prépara dans l'ombre le triste drame de Quérétaro et chercha à se rendre indépendant.

Du reste, pour cette expédition du Mexique, source de ruines pour tant de familles françaises, pour cette expédition dégoûtante d'intérêts privés et scandaleux, l'homme du 2 Décembre ne pouvait mettre la main que sur un général profondément taré, il avait donc choisi Bazaine, et ce voleur patenté par Napoléon III justifia complètement la confiance de son digne maître.

(Dans le honteux tripotage des bons du banquier Jecker, Napoléon III eut une part, l'odieux Morny une autre part, et Bazaine un pot de vin).

Lorsque Bazaine fut désigné pour commander le 3e corps de l'armée du Rhin, des regards indiscrets n'avaient pas encore plongé dans la vie de Bazaine ; on connaissait pourtant son premier mariage avec une mauresque, ses malheurs conjugaux qui en furent les suites et la mort violente de cette malheureuse.

On se demandait bien dans l'armée quels services ce général avait pu rendre à la France pour être investi subitement de la confiance de César? Quelle victoire l'avait rendu célèbre? Il parlait peu, et, quand parfois il ouvrait la bouche, on était étonné de sa nullité.

La lettre du général mexicain Ortéga n'ayant pas été démentie, nous la tenons pour vraie.

Dans la guerre de 1870-1871, pour le malheur de la France, Bazaine obtint le commandement d'un corps d'armée considérable ; enfin, le 13 août 1870, un décret impérial l'éleva au poste suprême de général en chef de l'armée du Rhin.

Batailles de Borny et de Gravelotte. — Défense des lignes d'Amanvilliers.

Après les désastreux combats de Wissembourg et de Frœschwiller, échec dû au manque de concentration de nos troupes ; après la déplorable surprise de Beaumont nous donnant la juste mesure des talents militaires du général de Failly, le *glorieux* vainqueur de Mentana ; après la sanglante affaire de Forbach, où le sieur Frossard déploya tant d'inertie et ne parut même pas sur le champ de bataille, n'ayant qu'un seul souci : mettre sa personne à l'abri et diriger ses précieux bagages sur Sarreguemines et Puttelange, nos affaires pouvaient encore se relever, si nos généraux avaient su, devant l'ennemi, être à la hauteur de leur mission.

Si Mac-Mahon et de Failly, au lieu de précipiter leur retraite, avaient essayé de couvrir Nancy et occupé fortement la ligne des Vosges, si redoutable et si facile à défendre en y jetant quelques milliers d'hommes résolus, commandés par des officiers éprouvés, si le chemin de fer de l'Est avait été détruit, si on avait fait sauter les ponts et les tunnels, si la voie ferrée de Nancy à Strasbourg avait été rendue complètement impraticable, si la ville de Toul, cette petite place si importante, puisqu'elle commande le chemin de fer de l'Est et présente pour ainsi dire la dernière barrière pouvant arrêter l'ennemi ; si Toul, dis-je, avait eu dans ses murs une garnison nombreuse, si on avait construit rapidement une forte redoute sur le mont Saint-Michel qui commande la ville, si, enfin, au lieu de laisser 65 bouches à feu, 45,000 projectiles et pour trois millions de matériel dans la petite place de Marsal, défendue seulement par 250 soldats, tailleurs et cordonniers, formant le petit dépôt et la compagnie hors-rang du 60e de ligne, on avait dirigé cette artillerie sur Metz et Thionville, ces canons, pris par les Prussiens n'auraient pas servi à bombarder Toul et à mitrailler des Français.

Mais à quoi pensait donc le général commandant la 5e division militaire ?

Que faisait à Nancy, le général de Braüer ?

Est-ce que ces deux généraux ignoraient l'existence de Marsal, place si importante, couverte par les forts d'Orléans et d'Araucourt et parfaitement garantie par les inondations de la Seille et de l'étang de Lindre ?

Si Bazaine, dont les six corps d'armée (170,000 hommes environ présents au drapeau) se trouvaient réunis sous le canon de Metz le 12 août, six jours après l'échec de Forbach, au lieu de se laisser bloquer stupidement par deux cent mille Allemands, avait jeté ses malades, ses bagages et deux divisions de renfort dans cette place, et, par une marche rapide, à la tête de cent cinquante mille hommes, s'était replié sur Mac-Mahon, dont il connaissait parfaitement les mouvements, nous aurions eu pour couvrir Paris et résister à l'invasion, deux cent cinquante mille vieux soldats, solides, éprouvés par le malheur, auxquels se seraient joints les bataillons de la garde nationale mobile, l'armée en formation dans la capitale, l'armée de la Loire et les troupes de l'Ouest ; ajoutant à ces forces les nombreuses compagnies de francs-tireurs créées dans les départements, nous aurions pu alors opposer au débordement des barbares huit ou neuf cent mille hommes résolus, ayant une bonne organisation et le noyau principal de l'armée française.

Metz, défendu par six mille gardes nationaux sédentaires, sept mille gardes nationaux mobiles, cinq mille paysans armés, réfugiés dans la ville, et vingt-cinq mille hommes de troupes de ligne (en tout 43,000 combattants), Metz, dis-je, couvert par cinq forts inexpugnables, aurait tenu indéfiniment en immobilisant autour de ses murs 200,000 Prussiens ; l'infâme capitulation n'aurait certes pas été signée, une tache indélébile n'aurait pas été imprimée à notre histoire nationale.

Mais rien, rien de tout cela n'a été fait, et la trahison du maréchal Bazaine, l'incapacité notoire de nos généraux et la faiblesse criminelle de nos chefs de corps d'armée devaient bientôt nous faire tomber dans le piège qui nous était tendu et perdre une des plus belles armées du monde.

Quelques souvenirs glorieux viennent cependant prouver à la France, à l'Europe, que nos régiments, nos soldats et nos officiers étaient dignes d'un meilleur sort.

La bataille de Borny, livrée le 14 août sous les murs de Metz, jeta un vif éclat sur nos armes : soixante-dix mille Français, mal commandés, refoulèrent complètement l'armée du général Steinmetz (160,000 hommes environ) ; plusieurs positions furent enlevés au pas de charge, par nos braves troupes, sous le feu épouvantable d'une artillerie supérieure.

Dans cette glorieuse affaire, plusieurs bataillons de la garde royale prussienne furent décimés.

Nos pertes s'élevèrent dans cette journée à 3,800 officiers, sous-officiers et soldats, celles de l'ennemi furent de 16,000 hommes mis hors de combat, tués ou blessés.

Le 14 août, l'élan était vigoureusement donné ; pourquoi Bazaine n'a-t-il pas poursuivi nos succès ? Jusqu'ici nous ne devons accuser que son ignorance et son incapacité. A dix heures du soir nous abandonnions des positions conquises au prix de tant de sang !

Au point de vue stratégique, la bataille de Borny fut une puissante diversion, habilement combinée par le général Steinmetz pour masquer les mouvements d'invasion des armées allemandes et immobiliser les corps français sous le canon de Metz.

Cet habile stratégiste fit tomber complètement Bazaine dans le piège qu'il lui avait tendu, mais il fut blâmé, dit-on, par le roi de Prusse pour s'être trop engagé, ce qui évidemment explique les terribles pertes subies par son armée.

Le 16, deux jours après Borny, une terrible bataille s'engage à Gravelotte, sur la route de Verdun.

Officiers et soldats sentent le besoin de vaincre ; il faut à tout prix briser le cercle de fer qui commence à nous étreindre et voler au-devant de Mac-Mahon ; la patrie compte sur tous : là encore nous sommes vainqueurs ; les masses prussiennes sont écrasées, la trouée est possible, car la route de Verdun nous est parfaitement ouverte. Hélas ! Bazaine s'arrête. Victoire stérile !

Le surlendemain, 18, la route de Verdun nous était coupée par un corps ennemi considérable, venu de Trèves par les voies rapides.

Le 16, les pertes de l'armée française furent de 9,000 officiers et soldats, celles de l'ennemi de 10,000 hommes.

Le 18, à 11 heures du matin, l'armée française, formant un immense demi-cercle de près de 12 kilomètres de longueur, dont le centre s'appuie sur Metz, est attaquée avec furie par l'ennemi.

Nous luttons à outrance contre deux armées allemandes ayant opéré leur jonction.

Nos régiments sont héroïques ; nous nous battons contre des forces triples. Nos pertes sont grandes ; cependant, jusqu'à cinq heures du soir nous conservons nos positions, mais à quel prix ?

Pendant cette lutte acharnée, qui prit le nom de défense des lignes d'Amanvilliers, on se demande où est le maréchal Bazaine ? où est la garde impériale ?

Pendant que nos officiers et nos soldats mouraient bravement pour la France en faisant noblement leur devoir, notre commandant en chef déjeûnait tranquillement à Metz, chez M. de Bouteiller, conseiller municipal, au bruit sourd des canons prussiens, qui pendant cette terrible journée décimèrent affreusement nos troupes.

Après le déjeûner, Bazaine joua au billard jusqu'à 2 heures, et ne se rendit au fort Plappeville que le soir, à 5 heures, dans un état qui ne lui permettait plus de diriger une lutte engagée depuis onze heures du matin et dont il ignorait complètement les sanglantes péripéties.

Enfin, la garde impériale n'ayant reçu aucun ordre n'arrivait sur le champ de bataille que le soir ; il était malheureusement trop tard ! . . . .

Il est cinq heures, la bataille continue ardente, acharnée. Notre aile gauche résiste courageusement et tient tête aux nuées d'ennemis qui tentent de la déborder ; notre centre ayant pour point d'appui les fermes de Moscou et de Leipzig, se maintient énergiquement dans ses positions, lorsque des clameurs épouvantables s'élèvent vers notre aile droite ; le sixième corps, commandé par le maréchal Canrobert, écrasé par une pluie d'obus se débande précipitamment en se repliant sur Metz, laissant ainsi un vide immense dans notre ligne de bataille.

La situation est extrêmement critique car nous sommes débordés par la droite ; nos différents corps sont menacés d'être coupés et séparés de Metz ; la retraite est donc devenue nécessaire, l'armée française, en frémissant, rétrograde et se met à l'abri sous le canon des forts.

Nous n'hésitons pas à dire que l'échec de notre aile droite est dû à l'incapacité, à l'incurie du maréchal Canrobert qui ne donna aucun ordre pour l'établissement de tranchées, destinées à couvrir ses troupes, principalement son artillerie beaucoup trop à découvert.

Cette malheureuse défense des lignes d'Amanvilliers nous coûta 12,000 officiers, sous-officiers et soldats ; les pertes de l'ennemi furent plus considérables.

Croira-t-on jamais le fait suivant ?

A la ferme de Moscou, pendant la sanglante bataille du 18, quarante de nos pièces cessèrent complètement leur feu, à 5 heures de l'après-midi, faute de munitions, et furent en partie démontées par l'artillerie ennemie, et cela à 8 kilomètres d'un parc de réserve, aux portes d'une place comme Metz, regorgeant de matériel et si bien approvisionnée !

Les soldats du 60° de ligne (2° bataillon) attesteront la vérité de ce fait inqualifiable et criminel dont la responsabilité écrasante retombe sur le général commandant l'artillerie, sur le maréchal Lebœuf, commandant le troisième corps, et sur l'incapable baron Aymard, général de division, commandant la 4° division de ce corps.

L'agonie de l'armée française. — Blocus de Metz. — Combat livré le 31 août.

Après la sanglante bataille du 18 août, les différents corps de l'armée française prirent position autour de la ville de Metz, sous le canon des cinq forts, et se couvrirent par des tranchées, pendant que les Prussiens, déployant leurs masses profondes, commencèrent la construction de leurs lignes fortifiées et investirent étroitement et notre armée et la ville.

Le 20 août, les communications avec l'intérieur de la France étaient complètement interrompues.

Le quartier général du prince Frédéric-Charles fut installé au village d'Ars-sur-Moselle, pendant que Bazaine établissait commodément le sien au Ban Saint-Martin.

Nous allons assister maintenant pour ainsi dire jour par jour, heure par heure, à l'agonie d'une ville n'ayant jamais été prise, une des premières places fortes d'Europe, le boulevard de la France dans l'Est, couverte par cinq forts inexpugnables, tenant l'ennemi à huit kilomètres des remparts, et garantie, en outre, par les inondations de la Moselle et de la Seille.

Nous verrons Bazaine s'enfoncer chaque jour plus avant dans la voie funeste qu'il s'était tracée ; nous déterminerons l'heure même où la trahison entra dans ce cœur dépravé.

Nous verrons une armée de 170,000 hommes, solide, éprouvée, victorieuse dans plusieurs batailles rangées, bloquée dans son camp retranché par un ennemi battu, se désorganiser progressivement et se fondre, pour ainsi dire, au souffle des maladies, des privations et du découragement moral ; nous verrons cette armée donnant des signes d'impatience et demandant à marcher en avant, à faire une trouée, retrouvant son énergie et sa bravoure dans les rares sorties que faisait exécuter Bazaine pour masquer jusqu'au dernier moment sa trahison, en attendant l'instant où il pourrait lever le masque et dire à ses soldats frappés de stupeur et indignés :

Nous sommes vaincus par la faim, livrons nos armes, nos canons, nos drapeaux, transigeons avec l'honneur, perdons l'avenir du pays, frappons au cœur, d'un coup mortel, notre mère, la France, passons honteusement sous les fourches caudines ; moi, Bazaine, maréchal de France, votre commandant en chef, je vais vous en donner le premier l'exemple !

Ah ! la plume indignée s'arrête et le cœur se brise en présence de pareilles horreurs ! . . . .

« La capitulation de Sedan, a écrit le général Pellé, est une » honte pour tout un peuple ! » et il a refusé de la signer. Mais que pensera l'Europe de celle de Metz ?

A Sedan, le régiment de zouaves, en colonnes serrées, se frayant un sanglant passage à travers les lignes allemandes, donne raison aux justes et énergiques paroles du général ; ce sublime régiment s'est couvert d'une gloire immortelle, en montrant le chemin à une armée française courbant la tête sous les aigles prussiennes, à la voix de ses généraux.

A Sedan, quelques généraux de courage et d'énergie auraient suffi pour que toute l'armée suivît l'exemple de ce noble régiment et préservât la France de la honte de cette capitulation.

A Metz, bien plus encore, nous pouvions sauver et notre honneur et notre armée, si Bazaine auquel les destinées du pays étaient confiées dans ce moment suprême, n'avait pris à tâche d'annihiler notre énergie et nos dernières ressources.

La ville de Metz, se rappellera toujours la grotesque comédie jouée par le général Coffinières de Nordeck, lorsque Napoléon III lui confia le commandement de la place ; cet homme, devant une foule frémissante de patriotisme, la main sur le cœur, jura qu'il ferait fusiller le premier qui parlerait de se rendre ; c'est en vain maintenant qu'il cherche à couvrir sa conduite par le décret du 13 octobre 1863, ainsi conçu :

« Lorsqu'un général en chef est à proximité d'une place forte,

» il en a le commandement absolu, c'est lui qui nomme ou qui
» suspend le commandant supérieur, c'est lui qui doit assurer les
» approvisionnements, c'est lui qui prescrit les mesures de pré-
» caution pour assurer la défense, etc... »

Evidemment, le premier coupable est Bazaine, qui abuse indignement de son autorité pour entraîner les officiers placés directement sous ses ordres, afin de les rendre complices de son forfait ; mais une part de cette culpabilité ne retombe-t-elle pas sur ces généraux dont la faiblesse criminelle a hâté notre ruine ?

Vers la fin du mois d'août, le service des vivres était organisé dans l'armée sur un pied qui laissait croire à l'existence de grands approvisionnements ; les rations de la troupe ne furent aucunement diminuées, les habitants de Metz ne furent pas rationnés, plus de six mille paysans, femmes et enfants, chassés des villages voisins par la présence de l'ennemi, se réfugièrent dans la ville sans y apporter leurs vivres, se bornant à entasser sur des charrettes leurs meubles et leurs effets les plus précieux ; ce n'est que dans les premiers jours de septembre que ces malheureux durent prouver qu'ils avaient de quoi vivre pendant quarante jours.

L'intendant en chef, ou plutôt celui qui en remplissait les fonctions fit timidement quelques observations au commandant en chef sur notre situation précaire et ne fut pas écouté.

Les fourrages furent donnés à profusion, le blé en gerbes servit pendant quelque temps à la nourriture des chevaux. Ces faits peuvent paraître incroyables ; nous en garantissons la parfaite exactitude.

Nos officiers et nos soldats, remis de leurs fatigues, impatients d'en venir aux mains, commencèrent à trouver étrange l'inaction dans laquelle on les laissait ; quelques-uns protestèrent et firent sentir la nécessité d'une trouée.

A cette époque, la trahison, en germe dans le cœur dépravé de Bazaine, n'avait pris aucun développement, il était de bonne foi ; on ne pouvait guère lui reprocher qu'une imprévoyance inqualifiable, un oubli complet de tous ses devoirs de citoyen et de commandant en chef, une ignorance profonde, enfin le fait réellement monstrueux d'être resté à déjeûner et à jouer au billard à Metz pendant cette lutte terrible du 18 août, alors que son armée était écrasée par l'ennemi.

Bazaine se trouvait sur cette fatale limite, sur cette pente glissante où un homme de sa trempe ne peut plus s'arrêter ; une grande indécision dans ses mouvements, une incertitude de tous les instants, un mécontentement de lui-même, un silence absolu sur les dépêches de Mac-Mahon, dépêches parfaitement entre les mains du maréchal, étaient déjà pour des esprits éclairés, les signes précurseurs des malheurs qui devaient fondre sur Metz et l'armée et dont les conséquences désastreuses devaient bientôt peser d'un poids écrasant sur les destinées de la France.

Qu'on ne vienne pas nous dire que la conduite de Bazaine est le résultat d'un affaissement moral et de certains moments d'absence ; nous démontrerons bientôt que cet homme a toujours possédé sa lucidité d'esprit et n'est nullement fou ; une ambition qui serait parfaitement ridicule si elle n'était monstrueuse et une avarice sordide l'ont entraîné vers l'abîme.

La nomination de Bazaine au commandement en chef, avait été accueillie froidement, sans enthousiasme, l'armée se sentait mal commandée par le contrebandier du Mexique.

Le 26 août, Bazaine sort de sa léthargie : des ordres de mouvement sont expédiés ; pendant quatre heures, nos différents corps se massent en avant du fort Saint-Julien, parfaitement en vue de l'ennemi : il est évident qu'une bataille va s'engager. L'armée entière est superbe d'entrain, officiers et soldats comptent sur une victoire qui doit nous permettre de marcher en avant.

Hélas ! la pluie survient et Bazaine, prétextant le mauvais temps, donne aux troupes l'ordre de regagner leurs campements.

Pourtant nous savions tous que Mac-Mahon et son armée marchaient vers le Nord, menaçant ainsi les colonnes allemandes, d'une attaque de flanc ; il aurait été facile alors de faire une trouée, d'opérer cette fameuse jonction : on évitait ainsi le désastre de Sedan.

Etrange et mystérieux commandant en chef !... Arrêté dans ses combinaisons stratégiques par le mauvais temps !... La pluie ne tombait-elle pas pour les Prussiens comme pour nous ?

Quelques jours après, l'ennemi recevait ses formidables batteries de position et nous enserrait plus étroitement.

Le 31 août, l'armée prend les armes ; Bazaine dicte lui-même à ses chefs de corps les ordres de combat ; ses instructions sont vagues ; il est défendu de s'engager trop à fond ; il laisse pour ainsi dire à ses lieutenants la responsabilité de leurs mouvements, les autorisant à battre en retraite s'ils rencontrent une résistance sérieuse..... Cette façon d'agir va laisser nos troupes sans direction générale ; le commandant en chef n'a pas évidemment l'intention de percer.

Nous attaquons enfin, avec cette furie si naturelle au caractère français ; l'ennemi est refoulé, ses positions sont enlevées avec un élan admirable, le village de Sainte-Barbe est pris d'emblée, les Maxes sont emportées après un combat sanglant, nos héroïques régiments luttant sur des monceaux de cadavres, l'ennemi recule épouvanté, plusieurs de ses pièces sont enlevées au pas de course, les canonniers tués sur leurs affûts... Une immense acclamation retentit.

Il est six heures, la journée promet ; si Bazaine concentre le feu de son artillerie sur le centre de l'ennemi, si les généraux, l'épée à la main, s'élancent à la tête de leurs troupes, si la charge sonne sur toute la ligne de bataille, si enfin l'armée, au chant de la *Marseillaise*, par un suprême effort se précipite sur les régiments prussiens déjà fortement ébranlés, la trouée est parfaitement possible, l'ennemi est perdu, ses réserves arrivant au milieu de la déroute vont être entraînées... et nous sauvons la France par une victoire décisive !...

Hélas ! aucun ordre n'est donné, pas d'ensemble, pas de direction générale, aucun objectif indiqué, des généraux irrésolus.

Le 3ᵉ corps reste depuis huit heures du matin jusqu'à quatre heures du soir sans recevoir l'ordre d'attaquer. La division Bastoul, en retraite devant les renforts de l'ennemi qui se présente en masses serrées et dégarnit ainsi l'extrême droite de notre ligne de bataille ; le maréchal Lebœuf prescrit au général Bastoul de reprendre immédiatement ses positions, ce qui est exécuté ; enfin, lorsque l'armée exécute son mouvement en arrière, ce dernier refuse formellement de bouger sans un ordre écrit. Que d'incapacité ! que d'incurie ! comme on reconnait le manque complet d'une direction vigoureuse et intelligente.

Le feu cesse à la nuit, nous quittons des positions qui nous ont coûté tant de sang ; nous abandonnons vingt canons enlevés à l'enemi (pièces qui n'ont pas été seulement enclouées) ; enfin, nous évacuons Sainte-Barbe et les Maxes, en y laissant les immenses approvisionnements qui s'y trouvent entassés.

Pendant la nuit, les Prussiens, étonnés du silence qui se fait autour d'eux, réoccupent fortement Sainte-Barbe et les Maxes, reprennent les canons que nous leur avions enlevés et détruisent immédiatement les denrées que nous avons négligé d'emporter ; ces deux villages furent par eux livrés aux flammes.

Le soir de cette journée, pendant laquelle nos troupes furent admirables et luttèrent si vaillamment, Bazaine rentrait au Ban-Saint-Martin sans s'occuper de ce que devenait son armée.

Le lendemain 1ᵉʳ septembre, après une fusillade assez meurtrière, nos régiments battirent complètement en retraite et regagnèrent leurs campements ; le prince Frédéric-Charles avait profité de la nuit pour renforcer considérablement son artillerie et attirer sur le théâtre de l'action toutes les réserves dont il pouvait disposer.

La journée du 31 août nous coûta 2,000 officiers, sous-officiers et soldats tués ou blessés ; l'ennemi eut 4,000 hommes mis hors de combat.

Après cette sanglante bataille du 31 août, l'armée française, découragée mais non vaincue, resta dans une inaction complète jusqu'au 7 octobre ; les cinq forts couvrant Metz tirèrent cependant de nombreux coups de canon pour s'opposer à l'établissement des batteries de position de l'ennemi, mais le résultat de ces cannonades fut négatif et aucune amélioration ne fut constatée dans la situation de nos braves troupes, dont la désorganisation commença rapidement, suite naturelle des maladies occasionnées par les pluies et l'inclémence de la saison.

Dans la dernière quinzaine de septembre, les rations de nos soldats furent diminuées ; le sel manqua presque complètement (chaque homme en recevait deux grammes par jour).

Les fourrages, gaspillés si follement depuis le commencement du blocus, se faisant rares, on commence à manger les chevaux de la cavalerie. (La population civile de Metz et l'armée en consommaient environ 350 par jour).

La ville est rationnée et attaque ses vivres de réserve.

Enfin, l'autorité prescrit des visites domiciliaires pour faire rentrer dans les magasins de l'Etat, les grains, la farine et les liquides existant chez les citoyens.

Ces mesures étaient bonnes, évidemment ; seulement, elles étaient prises six semaines trop tard.

Les visites domiciliaires ne furent du reste qu'un simulacre ridicule, l'autorité ne faisait même pas enlever de grandes quantités de sacs de grains déclarés par un certain nombre d'habitants.

L'armée apprend successivement la capitulation de Sedan, la chute de l'Empire et la proclamation de la République.

Un abattement profond s'est emparé de nos régiments dont les effectifs diminuent journellement ; les compagnies ne sont plus commandées en moyenne que par un seul officier. (Les vacances n'étant plus remplies). Nos ambulances et nos hôpitaux sont encombrés par 20,000 blessés et 10,000 malades.

Les dames et les jeunes filles de Metz se multiplient pour soigner nos malheureux soldats atteints par le feu de l'ennemi ou courbés par la fièvre dont les ravages sont si effrayants. Ces divines créatures, sublimes de dévouement, bravant avec une intrépidité au-dessus de tout éloge, les fatigues et l'épidémie, donnent au monde l'exemple éclatant de leur amour pour la France bien-aimée, dont elles soignent les enfants avec la véritable sollicitude de mères anxieuses, pendant que monsieur Bazaine passe ses journées à jouer au billard dans son splendide château du Ban-Saint-Martin.

Il est de notoriété publique que le commandant en chef de l'armée du Rhin ne fit aucune visite aux glorieux blessés et aux malades de son armée ; au milieu des angoisses d'un long et cruel blocus, jamais cet homme n'eut l'idée de relever le moral de ses soldats par de chaudes paroles d'espoir.

La triste position de nos troupes s'aggrave chaque jour ; officiers, soldats songent à la patrie envahie, à Paris, l'âme du pays, dont on ne reçoit aucune nouvelle, à Mac-Mahon et à son armée, dont les dépêches sont soigneusement cachées par Bazaine ;

on se dit tout bas, car les langues sont encore enchaînées par la discipline :

« Mais que veut donc le commandant en chef ? Quelles sont ses intentions ? Veut-il attendre le moment où, affaiblis par les maladies et le manque de nourriture, nous n'aurons plus la force de tenir nos armes, pour nous livrer à l'ennemi ? »

La défiance et le soupçon entrent dans tous les cœurs ; enfin, le désastre étant connu, nous porte le dernier coup. Tous, sans exception, nous plaignons nos malheureux frères d'armes indignement sacrifiés ; nous déclarons indignes les généraux qui ont signé la honteuse capitulation et livré aux Allemands les armes de leurs soldats, nos canons, nos mitrailleuses et *l'honneur de la France* par dessus le marché !

Le 12 septembre, une grande nouvelle circule dans le camp retranché : la déchéance de Napoléon, la fuite de la régente, la formation du gouvernement de la Défense nationale et la proclamation de la République se répandent dans l'armée avec la rapidité de la foudre ; nous lisons avec enthousiasme la circulaire de Jules Favre et nous saluons avec bonheur l'aurore de la liberté.

Pendant que l'espérance commence à renaître dans nos cœurs, que la France républicaine s'arrache à la vie privée pour résister à l'invasion, que nos corps d'armée en formation sur la Loire préparent leur glorieuse journée de Coulmiers, un maréchal de France, un traître, notre commandant en chef enfin, au mépris de toutes les lois divines et humaines, songe à trahir son pays, à vendre Metz et une armée française de 170,000 hommes au prince Frédéric-Charles !

L'heure de la trahison !!!

L'émotion produite dans l'armée par la chute de l'Empire et la proclamation de la République, forçait l'autorité militaire à faire trêve à la stupeur dont elle était frappée et à sortir d'une réserve qui pouvait la compromettre, tout en faisant naître de graves désordres.

Le général de division Coffinières de Nordeck, gouverneur de

Metz, fit apposer sur les murs de la ville le 13 septembre au matin, la proclamation suivante, adressée aux habitants :

> Habitants de Metz,
>
> On a lu dans un journal allemand, la *Gazette de la Croix*, les nouvelles les plus tristes sur le sort d'une armée française écrasée par le nombre de ses adversaires, sous les murs de Sedan, après trois jours d'une lutte inégale.
> Ce journal annonce également l'établissement d'un nouveau gouvernement par les représentants du pays. Nous n'avons pas d'autres renseignements sur ces événements, mais nous ne pouvons pas non plus les démentir.
> Dans des circonstances aussi graves, notre unique pensée doit être pour la France, notre devoir à tous, simples citoyens ou fonctionnaires, est de rester à notre poste et de concourir ensemble à la défense de la ville de Metz. En ce moment solennel, la France, la patrie, ce nom qui résume tous nos sentiments, toutes nos affections, est à Metz, dans cette cité qui a tant de fois résisté aux efforts des ennemis du pays.
> Votre patriotisme, ce dévoûment dont vous donnez déjà tant de preuves par votre empressement à recueillir et à soigner les blessés de l'armée, ne peuvent faire défaut.
> Vous saurez vous faire honorer et respecter de nos ennemis par votre résistance ; vous avez d'ailleurs d'illustres souvenirs qui vous soutiendront dans cette lutte énergique.
> *L'armée qui est sous nos murs et qui a déjà fait connaître sa valeur et son héroïsme dans les combats de Borny, de Gravelotte, de Servigny, ne nous quittera pas* ; elle résistera avec nous aux ennemis qui nous entourent, et cette résistance donnera au gouvernement le temps de créer des moyens de sauver la France, de sauver notre patrie !
> Metz, le 13 septembre 1870.
>
> F. Coffinières, général de division, commandant supérieur de la place de Metz ;
> Paul Odent, préfet de la Moselle ;
> Félix Maréchal, maire de Metz.

Nous ne rendons pas MM. Paul Odent et Maréchal responsables de cette étrange proclamation, leur autorité se trouvant complétement effacée par l'état de siège.

Nous nous en prenons à M. le gouverneur de Metz, confident intime de la pensée du maréchal Bazaine et son très humble et très obéissant serviteur.

Nous demanderons à M. le général Coffinières pourquoi dans cette proclamation où les mots : France, Patrie, Devoir, sont prodigués pour masquer certaines lacunes, il se tait *complétement* sur la captivité de l'empereur, la fuite de la régente, la déchéance des Bonaparte, la proclamation de la République et la formation du gouvernement de la Défense nationale ?

La *Gazette de la Croix*, que nous avons lue, donnait sur ces faits importants les détails les plus circonstanciés.

Il est difficile, n'est-ce pas, monsieur Coffinières, de mieux nager entre deux eaux en se ménageant l'avenir ?

Dans la proclamation aux habitants de Metz, nous avons souligné la phrase suivante, afin qu'elle frappe mieux les yeux de nos lecteurs :

« *L'armée qui est sous nos murs, et qui a déjà fait connaître* « *sa valeur et son héroïsme dans les combats de Borny, de Gra-* « *velotte, de Servigny,* NE NOUS QUITTERA PAS..... »

Ainsi donc, le 13 septembre, le lendemain de la nouvelle nous annonçant la honte de Sedan, l'écroulement de l'Empire et la proclamation de la République, le maréchal Bazaine, par la voix de son subordonné Coffinières, faisait parfaitement connaître à la population messine et à l'armée que son intention bien arrêtée était de ne pas essayer une trouée, préférant s'immobiliser sous les murs de Metz dont il avançait la capitulation en consommant ses vivres, que de voler au secours du pays envahi.

La veille du jour où la proclamation du gouverneur de Metz fut apposée sur les murs de la ville, le commandant en chef de l'armée du Rhin, contrairement aux lois et règlements militaires, avait déjà ouvert des intelligences avec l'ennemi et demandé au prince Frédéric-Charles des renseignements sur la situation politique de la France. La réponse du prince teuton ne s'était pas fait attendre, on y remarque cette avance significative :

« ... DU RESTE, VOTRE EXCELLENCE ME TROUVERA PRÊT ET AUTORISÉ « A LUI FAIRE TOUTES COMMUNICATIONS QU'ELLE DÉSIRERA. »
« FRÉDÉRIC-CHARLES. »

Le peuple appréciera la conduite de cet homme ourdissant dans l'ombre la plus épouvantable des trahisons ; qu'il vienne donc se soustraire maintenant à l'application de l'article 205 du Code de justice militaire ainsi conçu :

« Article 205. — Est puni de mort avec dégradation militaire, « tout militaire qui entretient des intelligences avec l'ennemi, « dans le but de favoriser SES ENTREPRISES. »

Nous reviendrons sur ce fait, lorsque nous établirons les nombreux chefs d'accusation qui pèsent sur la tête du coupable.

La captivité de Napoléon et la proclamation de la République furent un coup de foudre pour Bazaine ; dès ce moment, son parti fut pris et arrêté irrévocablement : ouvrir des intelligences avec l'ennemi, se mettre en rapport, soit avec l'empereur, soit avec l'impératrice, manger le reste de ses vivres, achever de désorganiser son armée pour la livrer à l'ennemi, afin de la mettre ainsi dans l'impossibilité d'essayer une trouée, faire tomber du même coup Metz, cette clé de la France, dont le décret du 13 octobre 1863 lui donnait le commandement absolu, en qualité de commandant en chef à proximité d'une place forte : voilà quels furent ses projets.

Malheureusement, rien n'a manqué à ce programme, et notre jeune République qui, certes, devait compter sur la défense à outrance de la plus forte de ses places de guerre, sur le concours d'une armée dévouée, notre jeune République a vu de ce côté ses espérances brisées et son avenir un moment compromis.

Un autre plan se présentait également à l'intelligence antipatriotique du commandant en chef de l'armée du Rhin : marcher sur Paris avec le concours de l'ennemi, étrangler la République, faire fusiller les membres du gouvernement de la Défense nationale et proclamer Napoléon IV.

On verra plus loin, les propositions qui furent faites à ce sujet aux officiers de l'armée par les généraux de division sur l'ordre du maréchal.

Ce dernier plan offrait évidemment beaucoup de chances de réussite ; pour obtenir ce résultat désastreux, il aurait fallu déshonorer les officiers et les soldats d'une armée de 170,000 hommes et les rendre complices de cette immense trahison !

Bazaine, comme on le voit, commençait à se démasquer ; cet homme sans talent, sans énergie, sans moralité, rêva un instant la restauration de la dynastie impériale et la régence offerte à un pareil service.

Le 13 septembre, à deux heures de l'après-midi, Bazaine se promène à pas saccadés dans son cabinet de travail ; on remarque dans sa personne un trouble inaccoutumé, sa physionomie trahit une vive anxiété, on lit sur son bureau un ordre du jour à l'armée, cet ordre n'est pas achevé ; il est ainsi conçu :

A l'armée du Rhin,

D'après deux journaux français des 7 et 10 septembre, apportés au grand quartier général par un prisonnier français qui a pu franchir les lignes ennemies, S. M. l'empereur Napoléon III aurait été interné en Allemagne, après la bataille de Sedan, et l'impératrice, ainsi que le prince impérial, ayant quitté Paris, un pouvoir exécutif, sous le nom de Gouvernement de la Défense nationale, s'est constitué à Paris. Les membres qui le composent sont :

Emmanuel ARAGO ; CRÉMIEUX ; Jules FAVRE ; Jules FERRY ; Léon GAMBETTA ; GARNIER-PAGÈS ; GLAIS-BIZOIN ; Eugène PELLETAN ; Ernest PICARD ; Henri ROCHEFORT ; Jules SIMON.

Généraux, officiers et soldats de l'armée du Rhin, nos obligations envers la patrie restent les mêmes. Continuons donc à la servir avec la même énergie, en défendant son territoire contre l'étranger. . . . .

Bazaine s'arrête dans sa promenade, le crime envahit complétement son cœur, et, comme une vision fatale, l'attire dans l'abime entr'ouvert. Il n'écoute plus sa conscience, et, saisissant convulsivement la plume, il achève ainsi la dernière phrase inachevée :

..... L'ORDRE SOCIAL CONTRE LES MAUVAISES PASSIONS.
Je suis convaincu que votre moral, ainsi que vous en avez donné déjà tant de preuves, restera à la hauteur des circonstances, et que vous ajouterez de nouveaux titres à la reconnaissance et à l'admiration de la France.

Le Maréchal commandant en chef l'armée du Rhin,
BAZAINE.

Cet ordre fut lu le 13 au soir aux compagnies assemblées sur la front de bandière de chaque régiment ; on se demanda avec étonnement quelles pouvaient être dans la cité et dans l'armée, entourées par deux cent mille ennemis, *les mauvaises passions qui menaçaient l'ordre social ?* Un écho devait répondre dans beaucoup de cœurs : « Celles qui existent dans l'âme du maréchal commandant en chef... »

La chute de l'Empire fut saluée à Metz par des acclamations patriotiques, une foule immense se porta le 14 septembre sur la place d'Armes, où le buste de Fabert, ce héros incorruptible, fut couronné et orné de drapeaux tricolores.

Un garde national monte sur le perron de l'Hôtel-de-ville,

arrache l'aigle de la hampe du drapeau et le jette dans la boue aux applaudissements de dix mille citoyens : un immense cri de Vive la République! s'échappe comme un tonnerre de toutes les poitrines.

Metz la Pucelle, Metz la vieille cité républicaine, qui jadis avait tant de fois résisté aux armées de la coalition, Metz se montrait toujours digne de ses glorieuses traditions en affirmant son amour pour la liberté et en affirmant la République.

Continuation du blocus. — Régnier, l'espion prusso-bonapartiste, son entrevue et ses pourparlers avec le maréchal Bazaine.

L'ennemi a resserré ses lignes d'investissement et s'est emparé de toutes les denrées existant dans les villages voisins, celles qui n'ont pu être enlevées ont été livrées aux flammes.

L'armée française, immobilisée dans son camp retranché par ordre du commandant en chef, assiste en frémissant à cet affreux spectacle, les lueurs de ces incendies illuminent la cité de leurs feux éclatants et portent dans tous les cœurs l'épouvante et la rage. Depuis plus de quinze jours, nos troupes n'ont pas tiré un coup de fusil.

Toutes nos communications avec l'intérieur sont rigoureusement coupées.

Nous essayons de faire connaître à la France la situation déplorable dans laquelle nous nous trouvons, au moyen de petits ballons ; presque tous tombent dans les lignes allemandes ; quelques-uns cependant descendent en pays neutre et arrivent heureusement à destination.

Une députation, composée de plusieurs conseillers municipaux et de quelques notables, se présente au Ban-Saint-Martin pour demander au maréchal des renseignements sur la situation et d'essayer quelques observations sur l'armée qui absorbe une partie des vivres de la place, en abrégeant ainsi la résistance. Bazaine reçoit les délégués de Metz d'une façon hautaine, répond à peine à leurs demandes par quelques paroles évasives et les congédie ; lorsqu'ils ont quitté son cabinet, il ajoute en ricanant devant plusieurs officiers:

« *Ces gens-là mériteraient d'être fusillés !* »

La manifestation des habitants de la cité, affirmant avec enthousiasme la République, déplut souverainement à M. Bazaine ; aussi, le lendemain, porta-t-il un défi à l'opinion publique. Par son ordre, les régiments de la garde impériale furent renforcés par l'addition de nouveaux soldats, choisis dans les régiments de ligne, et les aigles de l'Empire restèrent à la hampe de nos drapeaux.

Lorsque la chute de l'Empire fut officiellement connue, le premier devoir du commandant en chef se bornait à faire reconnaître dans l'armée l'autorité du gouvernement de la Défense nationale, changer immédiatement la *dénomination* des régiments de la garde en les assimilant aux régiments de ligne, et enlever les aigles des drapeaux, mais telles n'étaient pas les intentions du Maréchal.

Le 18 septembre, les officiers de l'armée, sous l'ordre de Bazaine, furent invités à prendre connaissance à l'état-major de chaque division, des forces allemandes ayant envahi la France.

Le but qu'on se proposait était clair et parfaitement dessiné ; porter le découragement dans les cœurs faibles, abattre les courages en essayant de masquer la trahison. Qu'avions-nous besoin de connaître le nombre de nos ennemis ?

Ce fait peut paraître incroyable, il est pourtant d'une rigoureuse exactitude, aussi n'hésitons-nous pas à mettre en regard, l'article 77 du Code de justice militaire ainsi conçu :

« Est puni de mort quiconque aura pratiqué des manœuvres ou
» entretenu des intelligences avec les ennemis de l'Etat, etc... ou
» de seconder les progrès de leurs armes, sur les possessions ou
» contre les forces françaises de terre et de mer, soit en *ébranlant*
» *la fidélité des officiers, soldats*, etc., envers l'Etat, soit de toute
» autre manière. »

La situation de l'armée et de la place devient chaque jour plus précaire, les vivres ont été de nouveau diminués, la ration de pain, mélangée de son est tombée à 300 grammes par homme et par jour ; le sel se vend 10 fr. la livre ; le sucre, 12, 14 et 16 fr. ; le bœuf, 9 fr. ; un chat coûte 30 fr.; un lapin, 50 fr, ; le 21 septembre, le cuisinier du Maréchal achète un agneau 300 fr.

Les vaches laitières ayant été sacrifiées, beaucoup d'enfants en bas âge meurent faute de lait et de sucre.

Une maladie terrible, appelée fièvre d'hôpital, décime nos blessés et nos malades. Les fourgons du train des équipages ne peuvent suffire chaque matin à enlever leur moisson de cadavres, pendant que le satrape Bazaine mange des agneaux de 300 fr. et fume d'excellents londrès.

Heureusement, la viande de cheval ne nous manque pas, au 20 septembre, nous n'avions encore dévoré que le tiers des chevaux de notre cavalerie ; nos ressources sous ce rapport sont considérables, la ville possède plus de 2,000 de ces animaux qui n'ont pas été réquisitionnés.

Les attelages de notre artillerie sont en bon état ; l'armée, quoique profondément découragée et inquiète, peut encore tenter le sort des armes : elle le prouve du reste le 20 septembre. Plusieurs régiments, sous le commandement du maréchal Lebœuf, attaquent vigoureusement et enlèvent la ferme de Lauvalière, fortement occupée par l'ennemi, dont les pertes furent sensibles ce jour-là ; nous trouvons à Lauvalière quelques centaines de gerbes de blé et un peu de fourrage.

Le 23 septembre, on exécute une nouvelle attaque, dont les résultats furent désastreux ; nos troupes, écrasées par une pluie d'obus, furent obligées de rentrer dans leur camp retranché. Comme toujours, ces attaques eurent lieu beaucoup trop tard et sans essayer aucune diversion pour dérouter l'ennemi.

Jamais nos généraux n'eurent l'idée de surprendre les Allemands pendant les brouillards si épais que dégage la Moselle pendant les mois de septembre et d'octobre ; ces brouillards duraient parfois plus de six heures, on ne se voyait pas à quatre pas les uns des autres.

Quel désordre dans les tranchées prussiennes si on avait attaqué dans de pareilles conditions ?

Ajoutons que les 20 et 23 septembre, le maréchal Lebœuf, guidé par un sentiment difficile à deviner... le remords peut-être... « chercha *vainement la mort* » au milieu de ses troupes fortement engagées.

Le 23 septembre, un espion prusso-bonapartiste, nommé

Régnier, venant de Londres, après s'être arrêté au château de Ferrières et avoir obtenu plusieurs audiences du comte de Bismarck, se présentait à nos avant-postes couvert par le drapeau parlementaire ennemi.

Muni des instructions secrètes du prince Frédéric-Charles, dont il quittait le quartier-général, il demanda à être conduit auprès du maréchal Bazaine.

La position de cet homme était complètement irrégulière, le laisser-passer prussien qu'il présenta ne laissait aucun doute sur l'honorable profession qu'il exerçait. Aussi, pour couvrir la démarche dans laquelle il risquait sa vie, eut-il soin de prévenir les officiers qui le conduisaient au commandant en chef, qu'il était porteur d'une lettre des autorités du grand duché de Luxembourg demandant au maréchal Bazaine, que les médecins luxembourgeois, bloqués à Metz, fussent autorisés à quitter la ville.

L'espion Régnier, homme d'une grande intelligence, nourrissait un double but : arriver à la fortune et aux honneurs par l'intrigue en restaurant en France la dynastie des Bonaparte : de là, ses pourparlers à Londres avec Mme Lebreton, sœur du général Bourbaki, employée auprès de l'impératrice Eugénie, son entrevue au château de Ferrières avec le comte de Bismarck et son arrivée au village d'Ars-sur-Moselle, auprès du prince Frédéric-Charles, commandant en chef l'armée allemande.

Pour réussir dans cette entreprise aussi vaste que criminelle, l'espion Régnier devait précipiter la marche des événements ; deux concours lui étaient d'une absolue nécessité : celui de l'ennemi lui était déjà acquis. Bazaine, se croyant sûr de son armée, allait — comme on le verra plus loin — ne pas lui marchander le sien : car le complot ourdi par cet homme entrait complètement dans les vues secrètes du maréchal.

Arrivé au Ban-Saint-Martin, Régnier est introduit dans le cabinet du commandant en chef de l'armée du Rhin.

Les portes sont rigoureusement interdites, et les plantons reçoivent l'ordre d'arrêter au passage tout visiteur qui se présentera.

Bazaine et l'espion sont en présence.

Ce dernier se démasque brusquement ; par le prince Frédéric-

Charles il sait à quoi s'en tenir sur le résultat probable de cette entrevue ; aussi aborde-t-il, sans hésitation, l'explication du plan qu'il a conçu et dans lequel le maréchal doit jouer, d'après l'aveu de l'impératrice elle-même, le premier, le plus glorieux rôle.

— Vous êtes, lui dit Régnier, la seule autorité redoutable encore debout en France ; la dynastie impériale compte entièrement sur votre patriotisme et le concours de l'armée qui vous est dévouée, pour établir Napoléon IV sur le trône... Rien ne sera refusé, sachez-le bien, à un pareil service.

En même temps, l'espion montre à Bazaine une photographie anglaise, signée par l'ex-prince impérial.

— Son excellence le comte de Bismarck et son altesse royale le prince Frédéric-Charles sont avec nous, continue le narrateur ; le succès dépend de vous et peut être considéré comme certain ; tous vos scrupules doivent donc s'évanouir devant la grandeur de l'entreprise qu'il est nécessaire de conduire avec la plus grande énergie. L'Europe entière a les yeux sur vous, monsieur le maréchal, et ne peut qu'approuver votre conduite qui lui donnera la paix et des garanties pour l'avenir.....

On se figure sans doute que Bazaine va bondir d'indignation, faire arrêter l'homme qui lui marchande ainsi les derniers lambeaux de son honneur et le livrer au peloton d'exécution ; du tout, le maréchal écoute attentivement les propositions qui lui sont faites, sa figure s'épanouit, un sourire de satisfaction et d'orgueil erre de temps en temps sur ses lèvres.

« C'est avec plaisir, répond-il, que je me mets à votre disposition, pour hâter l'accomplissement de vœux qui me sont chers. L'armée de Metz est toujours l'armée impériale, elle ne reconnait pas l'autorité des aventuriers qui composent ce ridicule Gouvernement de la Défense nationale, aussi conserve-t-elle religieusement les aigles de l'empire à la hampe de ses drapeaux.

» Hâtons-nous, car j'aurai beaucoup de peine à faire vivre mes troupes jusqu'au 19 octobre, même en mangeant tous les chevaux de ma cavalerie. »

Les deux complices arrêtent alors les dispositions suivantes, qu'il sera nécessaire, ajouta Régnier, de faire parvenir immédiatement à l'impératrice régente, soit par le maréchal Canrobert, soit par le général Bourbaki, commandant à Metz la garde impériale :

1º Rendre Metz et les forts au prince Frédéric-Charles, comme garanties ;

2º Neutraliser l'armée française et la diriger avec armes et bagages sur le bassin de la Gironde en appelant l'impératrice régente au milieu d'elle.

3º Réunir le Corps législatif ayant siégé jusqu'au 1er septembre

4º Au moyen de l'armée rendue à sa liberté d'action, protéger les délibérations du Corps législatif, rétablir l'ordre en France avec le concours des armées allemandes, reconstituer le pouvoir impérial, mettre hors la loi les factieux du gouvernement de la Défense nationale, enfin établir les bases d'un traité de paix avec l'Allemagne.

Bazaine donna son adhésion pleine et entière à ce programme et comme preuve de sa bonne foi apposa sa signature à côté de celle du prince impérial sur la fameuse photographie qui servait de talisman à l'espion Régnier.

On verra plus loin comment les officiers de notre digne armée par leur attitude patriotique déjouèrent ce gigantesque complot et sauvèrent la France du déshonneur en s'opposant à une restauration bonapartiste.

Le 24 septembre le maréchal Canrobert et le général Bourbaki reçoivent l'ordre de se rendre au grand quartier général.

Bazaine et l'espion Régnier exposent longuement au premier de ces deux personnages ce qu'on attend de lui. Chose étrange !... l'homme qui, le 2 décembre 1851, à la tête de sa brigade, avait de sang-froid ouvert le feu sur un peuple sans défense au boulevard Montmartre, cet homme, dis-je, eut des scrupules et recula cette fois épouvanté devant l'énormité du crime qu'on voulait lui faire commettre ; il se retrancha derrière une raison de santé et se retira.

Bourbaki, lui, influencé, pressé, circonvenu, hésite, réfléchit, puis finit par tomber dans le piège qui lui est tendu par les deux conspirateurs ; il consent enfin à partir pour se rendre auprès de l'impératrice. Il est convenu alors que le commandant de la garde impériale se servira du passe-port de l'espion Régnier ; il lui empruntera même son cache-nez, et, déguisé en bourgeois, à la faveur des ombres de la nuit, il sortira de Metz au milieu des médecins luxembourgeois, autorisés à rentrer dans leur patrie ; seulement, il demande au commandant en chef un ordre devant sauvegarder sa situation ; le maréchal Bazaine se place alors à son bureau où il écrit les quelques lignes suivantes, qu'il remet au général :

« L'impératrice régente ayant mandé près de sa personne
» Monsieur le général Bourbaki, commandant la garde impériale,
» cet officier général est *autorisé* à se rendre auprès de Sa
» Majesté.

» *Le maréchal de France, commandant en*
» *chef l'armée du Rhin,*
» BAZAINE.

» Metz, le 15 septembre 1870. »

Quelle grotesque comédie ! Quel affligeant spectacle ! un général français commandant en chef un corps d'élite, déguisé en espion est sorti furtivement d'une place assiégée pour aller conspirer à Londres avec la compagne de l'homme de Décembre et de Sedan !

Ah ! pourquoi user de ménagements et parler à demi mots ? il est utile que le peuple connaisse les hommes qui sont cause des malheurs de la patrie et de la perte de nos deux plus belles et plus patriotiques provinces.

Disons-le hautement à la face du pays : M. le général Bourbaki a déserté l'armée française à Metz, il a quitté son poste de combat, son poste d'honneur *le 24 septembre* sur une simple autorisation de son chef, autorisation qui, certes, n'était pas un ordre et cela au moment où la France envahie, mutilée, sanglante, luttait avec le courage du désespoir contre un million de barbares.

Ce général avait donc oublié que la Défense nationale reconnue officiellement à Metz depuis le 13 septembre était religieusement obéie par tous, soldats et citoyens ?

Evidemment, ces faits inqualifiables n'étaient pas connus, lorsque Gambetta confia plus tard au général Bourbaki le commandement en chef de l'armée de l'Est, commandement qui aboutit comme on sait à un affreux désastre pendant lequel au lieu de chercher à relever, lors de notre funeste retraite, le moral de ses soldats, le *commandant en chef* lui donne au contraire un déplorable exemple de faiblesse en essayant de se suicider, comme si un coup de pistolet était une justification ; la balle de l'arme dévia et ne lui fit qu'une blessure profonde à la tête.

Si le maréchal Bazaine n'a pas livré l'espion Régnier aux rigueurs des lois militaires, c'est qu'il était entré lui-même dans les voies fatales de la trahison et qu'il comptait faire servir ce misérable à ses projets.

Continuons à porter le flambeau de la vérité dans cette affaire ténébreuse.

L'ordre du maréchal commandant en chef, autorisant le départ du général Bourbaki fut libellé le 24 *septembre*, le jour même, de la sortie de Metz de cette officier, mais il est à remarquer que Bazaine y mit la date du 15 *septembre*, voulant ainsi faire croire qu'il ignorait alors la chute de l'empire et la formation du gouvernement de la Défense nationale.

Cette pièce antidatée n'est-elle pas une formidable preuve de culpabilité ? Ne prouve-t-elle pas jusqu'à l'évidence que le maréchal avait conscience du crime qu'il commettait ?

Pendant que les médecins luxembourgeois, sous la haute protection de l'espion Régnier, regagnent leur patrie et que le général Bourbaki, mêlé au milieu d'eux, se dirige sur l'Angleterre, le maréchal Bazaine annonce à l'armée, en termes vagues, que le commandant de la garde impériale a quitté Metz pour se rendre en mission et qu'il est remplacé provisoirement par le général Desvaux.

C'est alors que le complot va prendre des proportions réellement effrayantes et peser d'une façon certaine sur les désastres de notre malheureuse patrie.

L'espion Régnier, s'étant de nouveau rendu au quartier-général allemand, informe le prince Frédéric-Charles du succès positif de ses pourparlers avec le commandant en chef de l'armée du Rhin, dont il montre la signature.

« Votre Altesse Royale, ajoute-t-il, peut donc disposer, dès à présent, de cent mille hommes pour donner le coup de grâce aux bandes qui seraient tentées de défendre le gouvernement de la Défense nationale, et réduire Paris. »

On verra également bientôt qu'elles furent les conséquences terribles de la honteuse capitulation de Metz, et combien ce malheur irréparable arrêta court les succès affirmés de l'armée de la Loire à Coulmiers, en permettant au prince Frédéric-Charles de renforcer l'armée bavaroise complètement démoralisée, et encore sous le coup de sa défaite.

Quatre jours avant la reddition de Metz, deux corps considérables de l'armée d'investissement étaient dirigés soit par les voies rapides, soit à marches forcées sur Versailles et sur l'armée bavaroise.

Prise de Peltre et du château de Mercy-le-Haut.

Un calme plat semble peser sur la situation de la ville de Metz et de l'armée. Citoyens et soldats souffrent sans murmurer les rigueurs d'un cruel blocus ; des pluies torrentielles viennent s'ajouter à nos maux et changer nos camps en lacs de boue. On croit toujours cependant qu'un événement heureux viendra ranimer les espérances qui commencent à s'éteindre.

Une Adresse des bourgeois de la cité et de la garde nationale sédentaire, couverte par plus de neuf cents signatures, est remise par le maire au maréchal. On lui fait observer respectueusement que les vivres de la place, consommés par l'armée, diminuent dans des proportions inquiétantes.

L'Adresse reste sans réponse du commandant en chef, dont les pourparlers avec les ennemis de son pays, Allemands et bonapartistes, absorbent tous les instants sans lui laisser le temps de s'occuper de ses braves troupes décimées par la fièvre et la dyssenterie.

Tout n'est maintenant qu'obscurité et mystère dans la vie de Bazaine ; il se cache de ses officiers, on devine que cet homme sue la trahison par tous les pores.

Cependant, quelques généraux de courage et d'énergie, ayant à cœur l'honneur de l'armée, essaient de réagir sur la situation et cherchent à relever le courage de leurs soldats en leur laissant entrevoir la possibilité de nouvelles luttes.

Le 26 septembre, le général Lapasset expose longuement au maréchal, le plan qu'il a conçu, d'un coup de main sur le village de Peltre, situé à trois kilomètres de nos lignes, et où l'ennemi a rassemblé quelques approvisionnements.

« On détruira les travaux des Allemands, ajoute cet officier, on s'emparera en même temps de leurs vivres, dont nous avons grand besoin. »

A moins de se compromettre ouvertement, Bazaine ne peut refuser l'autorisation qu'on lui demande, il adhère donc à l'exécution de ce coup de main et met à la disposition du général Lapasset trois régiments de ligne et un bataillon de chasseurs à pied ; il ajoute à ces forces une compagnie de francs-tireurs.

Le 27 septembre, toutes les dispositions sont prises et définitivement arrêtées ; à dix heures du matin, un coup de canon, tiré du fort Queulen, donne le signal, nos troupes s'ébranlent. Le 14e bataillon de chasseurs à pied et les francs-tireurs prennent place dans des wagons blindés, nos soldats sont accroupis, le fusil armé entre les jambes ; la locomotive siffle et ce train d'un nouveau genre se dirige sur Peltre, suivi au pas de course par la brigade Lapasset.

Pendant ce temps, le 90e de ligne se dispose à enlever le château de Mercy-le-Haut.

L'expédition conduite avec la plus grande énergie réussit complétement.

La locomotive s'arrête devant Peltre, les wagons vomissent à l'instant leur cargaison de combattants ; quoique surpris, l'ennemi accueille nos soldats par une grêle de balles, mais rien ne peut arrêter ces intrépides ; le brave 90e se précipite sur le château de Mercy, fortement barricadé, une fusillade meurtrière éclate des fenêtres, des portes, des créneaux et des soupiraux des caves.

40 sapeurs, armés de haches, se ruent sur ces obstacles, les brisent, et nos troupes, la baïonnette croisée, pénètrent dans les appartements défendus avec un acharnement inouï ; tous les défenseurs sont pris ou tués à l'arme blanche. Quelques groupes de Prussiens refusent héroïquement de se rendre et s'enferment dans les caves d'où ils continuent à tirer ; mais le château est livré aux flammes et les constructions s'écroulent sur ces malheureux qui sont ainsi brulés vifs

Le 90ᵉ est maître de la position.

La brigade Lapasset, suivant de près nos chasseurs et nos francs-tireurs, dessine hardiment son mouvement offensif. Les principales avenues du village sont abordées avec la plus grande résolution, sous un feu terrible ; mais devant notre élan, l'ennemi commence à reculer : on le chasse de maison en maison ; enfin, les Allemands, dont la vaillance expire, fuient éperdus, dans toutes les directions, demandant à grands cris des renforts.

Pendant ce combat sanglant, deux heureuses diversions ont été opérées, l'une sur la rive droite de la Moselle par quelques bataillons de la division Mautaudon, l'autre sur la rive gauche par les troupes du 6ᵉ corps.

Le général Lapasset affirme hautement son succès en se maintenant quelque temps dans les positions conquises ; il donne l'ordre de détruire les travaux de l'ennemi, de rassembler des vivres et des fourrages ; enfin, le but qu'il s'était proposé étant atteint, il donne le signal de la retraite.

Nos troupes regagnent leurs campements.

Après le départ de nos soldats, les Prussiens, furieux de leur défaite, arrivent en masses serrées, réoccupent Peltre et livrent complètement ce malheureux village aux flammes ; le couvent habité par les sœurs de charité qui soignaient alors les blessés ennemis ne fut même pas épargné.

Nos pertes dans cette journée furent sérieuses, notre succès nous coûtait 400 officiers, sous-officiers et soldats mis hors de combat, celles de l'ennemi furent de 700 hommes, tués, blessés ou pris.

Le coup de main de Peltre fait grand honneur à l'intrépide général Lapasset, dont l'intelligence et la bravoure étaient d'avance un sûr garant de succès.

Cependant, qu'on nous permette une légère critique :

A quoi bon donner le signal du départ des troupes au moyen d'un coup de canon ? Cette façon tonnante de s'annoncer a dû prévenir évidemment l'ennemi qu'une action se préparait.

Pourquoi attaquer entre neuf et dix heures du matin, en pleine lumière, des troupes solidement retranchées et surtout couvertes par de nombreux ouvrages accessoires ? Qu'on lise nos meilleurs auteurs militaires, on verra que les attaques d'emblée, coups de main, surprises, embuscades, attaques des villages et retranchements doivent toujours avoir lieu à la pointe du jour, avec la plus grande rapidité, afin de démoraliser l'adversaire et l'empêcher de se reconnaître.

Cette façon d'attaquer a également un autre but : perdre le moins de monde possible. Si on s'était conformé à ces prescriptions si judicieuses, nos pertes auraient été bien moins considérables. Le feu rapide et la longue portée des armes de l'infanterie ne doivent-ils pas faire comprendre à nos généraux que tous les mouvements en face de l'ennemi doivent, autant que possible, être masqués et exécutés avec la plus grande célérité. De là cette absolue nécessité des attaques à la pointe du jour, en couvrant les réserves qui soutiennent les colonnes d'attaque.

Si, dans l'affaire de Peltre, au lieu d'attaquer avec trois régiments d'infanterie et un bataillon de chasseurs, on avait engagé un de nos six corps d'armée, soutenu par quarante pièces d'artillerie et dix mitrailleuses, les résultats obtenus auraient été bien plus considérables.

En poussant l'attaque à fond, il aurait été parfaitement possible d'arriver jusqu'à la station de Courcelles-sur-Nied, située à cinq kilomètres de Peltre, où l'ennemi avait centralisé d'immenses wagons, chargés de vivres, venant d'Allemagne, par Sarrebruck, et de s'emparer de ces précieuses denrées.

Néanmoins, la journée du 27 septembre fut glorieuse pour nos armes ; elle donna la juste mesure de ce qu'on aurait pu tenter et obtenir avec nos soldats, s'ils avaient été commandés en chef par un Faidherbe ou un Chanzy.

Nous n'hésitons pas à avancer que si ces deux généraux avaient été à Metz, l'armée du prince Frédéric-Charles aurait été détruite en détail et les Allemands menacés sérieusement dans leurs communications avec l'Allemagne.

Il est évident, que si des combats partiels dans le genre de celui de Peltre, avaient été livrés chaque jour, nos troupes auraient été tenues continuellement en haleine, nous élargissions le cercle de nos opérations en vivant sur le pays et nous retardions indéfiniment la reddition de Metz. Quelles conséquences pour la France.

Combat de Ladonchamp.

Malgré le refus que l'ex-impératrice a opposé à la proposition du général Bourbaki d'entrer dans un complot de restauration impériale, le maréchal Bazaine se fait encore illusion ; jugeant les officiers et ses soldats d'après lui-même, il espère toujours, à un moment donné, pouvoir entraîner son armée contre le gouvernement de la Défense nationale et briser la République : foulant complètement aux pieds l'honneur de la France, il compte beaucoup sur le concours de l'ennemi pour réussir dans cette entreprise doublement criminelle. Le succès, pense-t-il, justifiera mes moyens.

Cependant un orage menaçant s'est formé sur la tête du commandant en chef de l'armée du Rhin ; ses intelligences avec le prince Frédéric-Charles et ses négociations à Londres sont connues à Metz et dans nos régiments.

Les souffrances d'un long blocus s'ajoutent encore à l'irritation qui commence à se faire jour.

Il est évident qu'une crise terrible se prépare, le lion messin montre sss griffes en rugissant.

Nos officiers et nos soldats sont indignés, l'*Indépendant de la Moselle*, journal républicain, est lu avec avidité, malgré la censure du général Coffinières de Nordeck, gouverneur de Metz.

Il est positif qu'à cette époque (6 octobre), des bruits de conspiration militaire commençaient à circuler dans la cité, et il faut bien le dire malgré notre esprit de discipline et de notre obéissance aux ordres des chefs, ces bruits de conspiration étaient considérés par tous comme une espérance de salut.

Nous l'avons déjà écrit, si un désespoir patriotique avait enlevé du même coup le commandement et la vie au misérable qui se disposait à vendre son armée à l'ennemi, les conséquences heureuses de cet événement auraient été incalculables pour le pays, et auraient pesé avantageusement sur ses destinées.

Devant la réprobation générale, Bazaine cherche à parer le coup qui le menace, sous prétexte d'essayer une trouée vers le nord et de s'emparer en même temps de quelques approvisionnements, il se décide à faire parler la poudre espérant ainsi donner le change à l'opinion afin de masquer jusqu'au dernier moment ses projets.

Plus de 1,200 officiers et soldats doivent tomber victimes de l'épouvantable boucherie qu'il médite.

Nous empruntons à notre *Episode du siège de Metz*, le récit du terrible combat de Ladonchamps :

Le vendredi, 7 octobre 1870, entre 7 et 8 heures du matin, le ban Saint-Martin, situé à 1,200 mètres de Metz, où se trouvait campée la garde impériale, présentait un aspect inaccoutumé, les bataillons prenaient les armes, d'abondantes distributions de vivres avaient été faites le matin à ce corps privilégié.

Le château occupé par le maréchal Bazaine se remplissait de bruit et de mouvement.

Des cavaliers partaient ventre à terre, porteurs d'ordres adressés à nos commandants de corps d'armée.

Le poste des grenadiers de la garde occupant la première cour d'entrée avait été doublé, de nombreuses sentinelles étaient échelonnées le long des murs extérieurs, enfin deux mitrailleuses venaient se placer devant la demeure du commandant en chef.

Des mesures de précaution avaient été prises pour arrêter un mouvement populaire et parer aux éventualités : le 2e de ligne, entré à Metz, sur l'ordre de Bazaine, occupait les postes principaux, les soldats de ce corps campaient sur le Marché, l'Arsenal était gardé à vue par un fort piquet, enfin une rumeur étrange circulait : par ordre du commandant de la place, la garde nationale sédentaire devait être désarmée.

Evidemment nous touchions à un moment critique, un drame immense et monstrueux allait bientôt dérouler ses péripéties en plein soleil, le sang français allait couler à flots, de précieuses existences allaient être moissonnées et celui qui ordonnait de sang-froid cette mise en scène, savait d'avance que le résultat de cette action meurtrière serait complètement stérile pour nos armes sans rien changer à notre situation.

A la suite d'ordres reçus, vers dix heures, une division de la garde impériale et quelques régiments de ligne commencèrent à déboucher dans la plaine de Thionville devant le village nommé les Grandes-Tapes, fortement occupé par l'ennemi ; les bataillons se couvrirent immédiatement par un épais rideau de tirailleurs.

Quelques pelotons de cavalerie prirent position sur la rive gauche de la Moselle.

Une puissante réserve se massa derrière ces troupes, autant que possible à l'abri des projectiles.

Deux diversions devaient être tentées pendant l'attaque par quelques divisions des 3ᵉ et 4ᵉ corps. On verra plus loin comment la démonstration de la 4ᵉ division du 3ᵉ corps, commandée par le général Aymard, fut mal dirigée ; ce qui obligea le maréchal Lebœuf à la faire appuyer à droite par la division Metmann.

Comme toujours, ces différents mouvements avaient été exécutés en plein jour, à la vue de l'ennemi, les officiers prussiens munis de leur longue-vue, ne perdaient pas un détail de nos manœuvres.

Le prince Frédéric-Charles, connaissait sans doute les intentions du maréchal Bazaine et les résultats probables de la journée, car, sans renforcer considérablement la position menacée si ouvertement, il se borna à faire appuyer son centre par quelques brigades formant une ligne très éloignée du point présumé de l'attaque, mais il attira à lui toute l'artillerie dont il put disposer.

Il envoya également quelques renforts aux troupes occupant le village de Malroy, où de formidables batteries avaient été établies. Ces dispositions prises, les Prussiens entrèrent dans leurs tranchées, s'y établirent commodément et attendirent de pied ferme les Français.

Au lieu d'égarer l'opinion publique sur les projets du maréchal Bazaine, le combat de Ladonchamps, les démasqua au contraire complètement. Tous les hommes du métier se posèrent ces différentes questions :

.Quel est donc le but de cette action ? Evidemment on ne veut pas essayer une trouée, puisque les trois quarts de l'armée ne prennent pas part à l'action et n'ont reçu ni les ordres de mouve. ment ni les vivres nécessaires à une marche de plusieurs jours ?

Pourquoi engager seulement quelques régiments contre des forces très supérieures parfaitement retranchées, soutenues par une puissante artillerie garnissant les hauteurs et les points culminants ?

Pourquoi, surtout, n'avoir pas fait soutenir nos attaques par tous les canons dont nous pouvions disposer ?

A cette époque, nous avions encore de nombreux chevaux de trait et, certes les munitions ne manquaient pas.

Il est probable que si l'armée entière avait donné, si les forts avaient soutenu énergiquement notre mouvement offensif et si d'habiles diversions avaient dérouté l'ennemi, les résultats du combat auraient été incalculables.

Nous l'avons dit plus haut, cette fantasia nous coûta 1,200 hommes, l'intrépide général Gilbon fut frappé mortellement en dirigeant sa brigade.

Cette journée fut un crime de plus commis par Bazaine, le sang de nos braves soldats retombera éternellement goutte à goutte sur la tête de cet homme qui, le soir même de cette sanglante affaire, expédia une missive secrète à Frédéric-Charles. Après l'avoir lue, le prince teuton murmura doucement, en haussant les épaules : « l'imbécile !,,. c'était bien la peine de me tuer aujourd'hui six cents hommes... »

A midi précis, le pétillement de la fusillade annonce que l'affaire vient de s'engager, nos tirailleurs se portent bravement en avant et masquent par un feu nourri la marche de nos bataillons, formés en colonnes d'attaque.

L'objectif de l'action est le village des Grandes-Tapes.

L'ennemi, parfaitement couvert par ses tranchées, répond d'abord faiblement, mais ses coups sont tirés avec une justesse effrayante. Beaucoup de nos soldats sont frappés à mort. En ce moment, les Prussiens démasquent leurs batteries ; une véritable pluie d'obus écrase nos troupes, les projectiles tombent jusque dans nos réserves ; le mouvement offensif présente alors un court moment d'hésitation, mais les officiers, le sabre à la main, se jettent en avant ; nos admirables soldats se précipitent à leur suite, et malgré leur infériorité numérique, réussissent à enlever les Grandes-Tapes, défendues avec un acharnement inouï.

Pendant ce temps l'attaque simulée sur le village de Malroy manque complétement son effet par suite du défaut de direction ; les bataillons massés devant Malroy, n'ayant pas d'artillerie, se bornent à déployer quelques compagnies en tirailleurs, qui échangent avec l'ennemi une fusillade, dont le résultat de notre côté fut une trentaine d'hommes tués ou blessés.

Cette démonstration donna la mesure entière de l'incapacité des officiers supérieurs dont les troupes furent engagées ce jour-là.

Complétement rassurés sur leurs ailes, les généraux prussiens concentrent tous leurs efforts sur les Grandes-Tapes, qu'ils ne peuvent parvenir à reprendre ; les Français affirment leur succès en se maintenant sur les positions conquises.

Le prince Frédéric-Charles fait alors avancer une partie de ses réserves pendant que son artillerie, occupant les hauteurs, fait converger ses feux sur nos troupes et continue à produire d'effrayants ravages dans nos rangs.

On se bat depuis midi. Il est six heures. Le commandant en chef de l'armée allemande, pour parer aux éventualités, attire à lui de nombreux renforts ; une forêt immense de baïonnettes se montre dans le lointain.

Épuisés par leur succès et les péripéties d'une lutte acharnée, les Français regardent en arrière.

Les réserves n'ont pas même bougé, et nos clairons sonnent : *Cessez le feu dans toutes les directions*. En même temps, l'ordre de se replier est porté aux troupes engagées.

Le maréchal Bazaine avait atteint le but qu'il se proposait, les grandes conceptions de ce foudre de guerre, conceptions nécessaires à ses projets, avaient réussi à nous faire tuer sans utilité plus de 1,200 hommes.

Au bruit de la fusillade, au sifflement strident des obus, a succédé le calme.

Après le combat, la funèbre moisson commence ; de nombreuses escouades d'infirmiers, dirigées par des médecins civils et militaires, explorent le terrain pour relever les blessés ; des deux côtés un accord tacite préside à ce pénible devoir.

Des groupes de soldats, armés de pelles et pioches, creusent d'énormes trous où seront placés indistinctement les cadavres.... Dormez, morts héroïques ; dormez de votre sommeil éternel ; un jour vous serez vengés !...

La journée de Ladonchamp fut glorieuse pour nos armes, mais, pourquoi faut-il que le souvenir de nos triomphes soit enseveli dans un immense souvenir de deuil et de sang ?

Ce terrible combat fut la dernière prise d'armes de nos troupes, l'armée rentra dans son camp retranché qu'elle ne devait plus quitter que pour être livrée à l'ennemi, par son commandant en chef.

Quelques jours après cette sanglante affaire, deux corps prussiens quittaient les lignes d'investissement pour se rendre à Versailles et le prince Frédéric-Charles prononçait devant ses officiers ces paroles prophétiques :

« Messieurs, avant la fin du mois d'octobre, Metz sera une ville allemande !... »

Les dernières épreuves.

Nous avons déjà dit qu'en présence des faits graves dévoilant d'une façon certaine les intrigues criminelles du commandant en chef, une rage sourde commençait à se manifester et à prendre des proportions dangereuses pour la sûreté de Bazaine, car, malgré l'occupation de Metz par le *deuxième de ligne*, une sédition pouvait éclater, les postes pouvaient être enlevés ; les garnisons des forts surtout pouvaient se soulever, nommer de nouveaux chefs, et refuser nettement d'obéir aux ordres du commandant en chef de l'armée du Rhin.

Une semblable situation aurait pu arrêter court les projets de Bazaine, il pensa donc à calmer la population et l'armée.

Le 10 octobre, la proclamation suivante était apposée sur les murs de la ville :

Pour répondre aux nouvelles mensongères répandues dans la ville, le maréchal commandant en chef n'ayant reçu aucune nouvelle affirmant les heureux faits de guerre qui se seraient passés à Paris, se borne à en souhaiter la réalisation et assurer les habitants de Metz que rien ne leur est caché ; qu'ils aient donc confiance dans sa loyauté. Du reste, jusqu'à ce jour, le maréchal a toujours communiqué à l'autorité militaire les journaux français ou allemands tombés entre ses mains.

Il profite de l'occasion pour assurer que, depuis le blocus, il n'a jamais reçu la moindre communication du gouvernement, malgré toutes les tentatives faites pour établir des relations.

Quoi qu'il advienne, une seule pensée doit en ce moment absorber tous les esprits, *c'est la défense du pays*, un seul cri doit sortir de toutes les poitrines : Vive la France !

Cette proclamation, non signée, est un véritable modèle de fausseté et d'hypocrisie, car au moment où le traître osait tracer cette ligne : « *Une seule pensée doit* absorber tous les esprits : *c'est la défense du pays* », le soir même, *10 octobre*, une lettre signée de lui, ayant trait à la capitulation de l'armée et de la place était adressée au prince Frédéric-Charles, à son quartier général d'Ars-sur-Moselle.

Enfin, le jour où cette proclamation était lue à Metz, un conseil de guerre, où étaient appelés les chefs de corps d'armée, se réunissait au Ban-Saint-Martin, chez le maréchal commandant. Chaque général prit la parole à son tour, mais contrairement aux rapports rédigés la veille, la pensée d'une trouée de vive force fut écartée du programme qu'on s'était tracé.

Il *fut malheureusement* arrêté, que les opérations de guerre, si rares pourtant, devaient cesser complètement et qu'on resterait autour de Metz jusqu'à épuisement complet des vivres.

Une lueur de patriotisme se fit pourtant jour et surnagea un instant au milieu de ces faiblesses coupables et ignorantes ; on objecta timidement que si, plus tard, l'ennemi refusait à l'armée des conditions honorables, on essaierait de se frayer un chemin par les armes.

M. Lebrun, intendant en chef de l'armée, prit ensuite la parole et déclara que, même en réduisant la ration de pain à 250 grammes par homme et par jour, et en portant la ration de viande de cheval à 800 grammes, on ne pouvait aller que jusqu'au 20 octobre.

Cette déclaration de M. l'intendant en chef peut paraître étrange, car personne n'ignore que Metz et l'armée ont tenu jusqu'au 29 octobre, jour de l'entrée des Allemands dans la ville ; la ration de pain mélangée de son n'a pas été réduite à 250 grammes ; jusqu'au dernier moment, chaque rationnaire a donc reçu 300 grammes de pain par jour ; quant à la viande de cheval, en portant la ration à 800 grammes, nous en avions encore pour plus de vingt jours.

Il est prouvé maintenant qu'en diminuant de 100 grammes la ration de pain, c'est-à-dire en la faisant tomber à 200 grammes ; en portant la ration de viande à 800 grammes ; en distribuant à chaque rationnaire un demi-litre de vin par jour et une ration d'eau-de-vie tous les deux jours, nous pouvions résister encore pendant tout le mois de novembre.

Nous ferons observer que les liquides existaient à Metz en quantités considérables.

En réquisitionnant toutes les pailles disponibles, même celles des paillasses des habitants, nous aurions pu réunir assez de fourrage pour nourrir nos chevaux de boucherie jusqu'à la fin du mois de novembre.

Le 28 octobre, l'armée possédait encore 13,000 chevaux, y compris ceux des officiers, et la ville, 2,000. Total, 15,000 ; à 500 par jour, nous avions donc, au moins, pour près de 30 jours de viande.

Le procès-verbal du Conseil de guerre, tenu le 10 octobre fut signé par Messieurs les maréchaux Lebœuf et Canrobert ; Desveaux, Ladmirault et Frossard, généraux de division, commandant les corps d'armée ; Coffinières de Nordeck, général de division, gouverneur de Metz ; Soleille, général de division, commandant l'artillerie de l'armée ; Lebrun, intendant en chef de l'armée, enfin, Bazaine, commandant en chef l'armée du Rhin.

Ce fut sur la demande des membres du Conseil que Bazaine se décida à apposer sa signature au bas du procès-verbal. L'homme de Metz craignait-il déjà l'avenir ? Nous le pensons.

Malgré l'avis motivé du conseil de guerre, la responsabilité du maréchal commandant en chef n'est nullement diminuée ; aux termes des lois militaires, c'est à lui seul qu'on doit demander compte de la capitulation d'une armée de 170,000 hommes, capitulation effectuée en rase campagne, et de la reddition d'une place forte de première classe et de cinq forts n'ayant subi aucun assaut et dont les remparts formidables n'avaient même pas été écrétés par un seul projectile.

La faiblesse coupable de nos chefs de corps d'armée peut paraître inqualifiable, lorsqu'on songe que le *10 octobre*, jour de la réunion du Conseil de guerre, l'armée avait encore *19 jours* de vivres devant elle, puisqu'elle fut livrée à l'ennemi le 29 octobre.

Nous avons dit plus haut que, le 10 octobre, Bazaine adressait une lettre au prince Frédéric-Charles. Le porteur de cette étrange épître, sur laquelle nous reviendrons bientôt, était le colonel Boyer, ami intime de Bazaine et récemment promu au grade de général de brigade pour services secrets rendus depuis longtemps au maréchal.

Un mot sur cet homme dont la nomination a été confirmée par cette déplorable commission de révision des grades, lorsque celles de tant de braves officiers qui, pendant la deuxième partie de la la guerre résistèrent si énergiquement à l'ennemi, ont été ou contestées ou rejetées.

M. Boyer, pendant l'expédition du Mexique, fut l'intermédiaire ou plutôt l'*homme de paille* de Bazaine dans toutes les transactions de contrebande pour le comte du maréchal.

Cet homme joua également un rôle dans la sanglante affaire de Quérétaro, c'est lui qui amena l'infortuné Maximilien sous les balles mexicaines ; les éclaboussures de cette *juste exécution*, rejaillirent comme on sait sur le héros du *Deux-Décembre* et sur son empire détesté ; quant à Bazaine, il est de notoriété publique que son ambition et son avarice préparèrent cet épouvantable drame.

Le 12 octobre, un télégramme du roi de Prusse, dont le quartier général était à Versailles, autorisa la sortie de Metz du général Boyer, il put donc traverser les lignes prussiennes ; il se rendit d'abord au quartier général allemand, porteur des instructions de Bazaine. La suite de ce récit fera connaitre longuement à nos lecteurs les mensonges et les calomnies que ce malheureux débita, de concert avec le commandant en chef, aux officiers de notre pauvre armée, lorsqu'il rentra à Metz, après avoir rempli sa mission, selon les intentions de son digne chef.

Plus tard, interné en Allemagne après la capitulation de Metz, ce personnage osa écrire dans un journal belge, qu'il tenait sa mission de l'armée du Rhin tout entière..... aussi, croyons-nous devoir reproduire ce passage de notre brochure : *Trahison du maréchal Bazaine*, publiée à Lyon le 17 décembre 1870 ; en réponse à une semblable assertion :

« Monsieur le général Boyer, vous en avez menti ! ! les officiers de l'armée du Rhin vous jettent cette suprême insulte au visage et ne voient plus en vous qu'un traître ; notre digne armée était incapable de trahir le pays, car elle s'est ralliée au gouvernement de la Défense nationale. »

La proclamation de Bazaine n'avait nullement calmé la fièvre patriotique qui agitait notre brave population messine, l'inquiétude était toujours très grande, on sentait vaguement qu'un malheur irréparable allait bientôt s'abattre sur la cité républicaine, néanmoins, les souffrances physiques étaient supportées par tous avec un courage vraiment héroïque, mais le moral des habitants et des troupes commençait à chanceler.

Le typhus, la dyssenterie et la fièvre continuaient leurs effrayants ravages, nos malheureux soldats étaient conduits par centaines au champ de repos.

Une désorganisation rapide et fatale se faisait remarquer dans nos régiments, malgré la sollicitude des officiers inférieurs pour leurs subordonnés.

Pendant ce temps, le commandant en chef, pour qui le patriotisme de l'armée et de la population était déjà un remords, ne sortait plus de son château, il attendait patiemment le moment propice où il pourrait mettre son armée dans l'impossibilité de résister.

Le 18 octobre, quelques misérables alarmistes, probablement des agents prussiens, commencent à répandre dans Metz les plus déplorables nouvelles ; ils essaient de paralyser la résistance en bouleversant l'ordre public, ils annoncent que si la ville ne se rend pas bientôt, les Allemands ont l'intention de la brûler et de faire sauter les forts.

Ces fables, monstrueusement ridicules, portent cependant le trouble dans une partie de la population ; mais bientôt, au paroxysme de la fureur succède la prostation morale ; un abattement profond enveloppe, pour ainsi dire, les défenseurs de Metz.

Le lendemain, l'auteur de ce récit crut devoir faire paraître dans le journal l'*Indépendant de la Moselle*, l'article suivant que nous reproduisons textuellement :

« *Un Messin à ses concitoyens,*

« Ces jours derniers, le mot Capitulation a été prononcée par quelques gens timides, peut-être même par des agents prussiens.

« Que tout le monde sache bien que l'armée et la population messine sont unies par la même pensée : ne pas traiter avec l'ennemi et toujours combattre, et si, dans cette lutte, dont nous ne nous dissimulons pas les dangers, nous devons résister seuls pour l'intérêt de tous, sans le secours de l'extérieur, pleins de confiance dans la sainteté de notre cause, dans la valeur de nos régiments et dans le patriotisme de la cité, nous combattrons jusqu'au dernier soupir pour notre liberté ; après les forts, les remparts, les barricades dans toutes les rues, et si, dans cette dernière lutte suprême, la ville doit succomber sous les cadavres de ses défenseurs, ces soldats incendiaires, qu'on nomme Prussiens, n'entreront en possession que de ruines fumantes, et tout messin emportera en mourant cette consolation, que si Dieu ne lui a pas permis de sauver le berceau de sa famille, il a, du moins, par un combat à mort, mis à couvert pour un moment, en arrêtant l'ennemi, la liberté de la France menacée.

« Citoyens de Metz, pas de capitulation, mourons tous pour la France, nous vivrons dans l'histoire des peuples libres.

« *Un Messin.* »

Rentrée à Metz du général Boyer. — Allocution faite aux officiers par ordre du commandant en chef. — Bazaine cherche à entraîner son armée contre le Gouvernement de la Défense nationale.

Avant de continuer ce récit, nous croyons devoir prévenir le peuple, pour lequel seul, nous écrivons, que les faits que nous reproduisons sont d'une rigoureuse exactitude ; nous nous appuyons sur des documents dont la valeur ne peut être contestée par personne : notes, proclamation au peuple, ordre à l'armée, toutes ces pièces sont historiques ; le texte n'a été ni changé, ni modifié.

A la rigueur, nous pourrions citer plus de 4,000 témoins des faits inouïs, incroyables, qui se sont passés sous les murs de Metz.

On se rappelle que le général Boyer, ayant reçu l'autorisation de franchir les lignes prussiennes, quittait l'armée française le 12 octobre pour se rendre au quartier général du roi de Prusse ; il était porteur d'une note secrète du général Bazaine.

Nos lecteurs vont juger de l'importance de ce document, le voici exactement :

Au moment où la société est menacée par l'attitude qu'a prise un parti violent et dont les tendances ne sauraient aboutir à une solution que cherchent les bons esprits, le maréchal commandant l'armée du Rhin, s'inspirant du désir qu'il a de sauver son pays, et de le sauver de ses propres excès, interroge sa conscience et se demande si l'armée placée sous ses ordres n'est pas destinée à devenir le palladium de la société.

La question militaire est jugée ; les armées allemandes sont victorieuses et S. M. le roi de Prusse ne saurait attacher un grand prix au stérile triomphe qu'il obtiendrait en dissolvant la seule force qui puisse aujourd'hui maîtriser l'anarchie dans notre malheureux pays, et assurer à la France et à l'Europe un calme, devenu si nécessaire après les violentes commotions qui viennent de les agiter.

L'intervention d'une armée étrangère, même victorieuse, dans les affaires d'un pays aussi impressionnable que la France, dans une capitale aussi nerveuse que Paris, pourrait manquer le but, surexciter les esprits et amener des malheurs incalculables.

L'action d'une armée française encore toute constituée, ayant bon moral, et qui, après avoir combattu loyalement l'armée allemande, a la conscience d'avoir su conquérir l'estime de ses adversaires, pèserait d'un poids immense dans les circonstances actuelles. Elle rétablirait l'ordre et protégerait la société, dont les intérêts sont communs avec ceux de l'Europe. Elle donnerait à la Prusse, par l'effet de cette même action, une garantie des gages qu'elle pourrait avoir à réclamer dans le présent, et enfin elle contribuerait à l'avénement d'un pouvoir régulier et légal, avec lequel les relations de toute nature pourraient être reprises sans secousse et légalement.

Le maréchal, commandant en chef l'armée du Rhin,

BAZAINE.

Est-il possible de pousser plus loin l'audace du crime le plus abominable au monde : *Trahir et vendre son pays ?*

Cette pièce en main, quels sont donc les hommes en France, cette terre de la droiture et de l'honneur, qui oseraient absoudre Bazaine, et, à la face de Dieu et du pays, le déclarer innocent?...

Analysons froidement, s'il est possible, la note de Bazaine au roi de Prusse,

Tout d'abord, on y remarque cette idée qui domine toutes les autres : rétablir l'Empire et employer l'armée à cette œuvre de honte, malgré l'insuccès des démarches du général Bourbaki à Londres.

Mais où la perfidie du commandant en chef se dévoile complètement, c'est dans cette avance significative à l'ennemi: « Elle « (l'armée), donnerait à la Prusse une garantie des gages qu'elle « pourrait avoir à réclamer dans le présent. »

Avant que l'avidité du roi Guillaume ait formulé ses odieuses prétentions, l'homme de Metz lui fait comprendre qu'il n'a qu'à demander, *tout* lui sera accordé par l'Empire avec lequel des relations de *toute nature* pourraient être reprises légalement, tel est le véritable sens de cette phrase machiavélique.

Quant au gouvernement de la Défense nationale, traité par Bazaine de *parti violent*, il sait fort bien, à l'heure où il écrit ces lignes, que les hommes qui le composent, et ce sera leur éternelle gloire n'ont pas douté un seul instant du salut de la patrie et par une résistance poussée jusqu'aux dernières limites ont sauvé du moins son honneur prêt à sombrer dans ce vaste naufrage.

Enfin, « la *question militaire est jugée, les armées allemandes sont victorieuses...* » écrit Bazaine le *12 octobre.*

Il est impossible de fouler aux pieds avec plus d'impudence le sentiment national quand on songe à la situation critique dans laquelle se sont trouvés un instant les envahisseurs, quand l'héroïque Paris a encore quatre mois d'une résistance admirable à opposer aux efforts et au bombardement des barbares ; quand enfin, on voit l'armée bavaroise complètement battue à Coulmiers, sauvée d'un désastre inévitable par la capitulation en rase campagne de 170,000 soldats français et la reddition de Metz.

Le général Boyer rentra à Metz le 17 octobre au soir et passa la journée du 18 dans le cabinet du maréchal Bazaine, où les deux complices arrêtèrent définitivement les bases de l'allocution qui devait être faite le lendemain aux officiers de l'armée.

Etouffons un instant les sentiments qui nous animent, et résumons l'allocution faite à nos officiers ; ce document est un modèle de cynisme. Nous citons :

« Au point de vue politique, l'anarchie en France..... » Odieux mensonge ! La France se levait alors contre les envahisseurs et n'avait qu'un but: les chasser au-delà de nos frontières.

« MM. Gambetta et de Kératry, ayant lâchement déserté leur « poste..... » Insulte compliquée de mensonge ! Le caractère de ces deux hommes ne peut être atteint par une pareille calomnie. L'héroïque Gambetta a donné trop de preuves de son patriotisme pour être même soupçonné.

« Lille, Marseille, Bordeaux et d'autres grands centres mettant « leurs intérêts commerciaux au-dessus du patriotisme..... » Quand on pense que c'est un Bazaine et un Boyer qui osent ainsi parler de patriotisme en essayant de déshonorer les efforts que faisait noblement notre malheureux pays pour sauver sa liberté et son honneur !

« Rouen et le Hâvre demandant des garnisons prussiennes... » Infâme mensonge ! abominable insulte au sentiment national ; il est impossible de pousser plus loin le cynisme et la lâcheté.

« Les efforts de la France se réduisant à la levée dans l'Ouest » d'une armée de 40,000 hommes... » Toujours le mensonge ! la lutte désespérée, soutenue jusqu'à la fin de janvier 1871, contre toutes les forces de l'Allemagne par nos gardes mobiles, nos francs-tireurs et nos régiments de marche (ce sera leur éternel honneur) démontre clairement la fausseté criminelle d'une semblable allégation.

<small>Si les conditions faites à l'impératrice étaient acceptées, l'armée sortirait de Metz avec les honneurs de la guerre; il serait réservé à cette armée l'avantage d'un beau rôle : celui de rétablir l'ordre dans le pays......</small>

Ici le coupable du *crime de haute trahison* envers le pays arrache son masque et se montre à découvert ; Bazaine engage les officiers de son armée à marcher ouvertement contre le gouvernement de la Défense nationale, mais pour obtenir ce glorieux résultat le concours de l'ennemi lui sera nécessaire.

Le roi de Prusse comprit tellement que nos régiments ne se prêteraient pas à de pareilles manœuvres, qu'à la fin d'octobre il arrêta court les négociations qui avaient été engagées à ce sujet ; ces négociations, du reste, avaient été à dessein traînées en longueur afin d'amener l'armée du Rhin à son dernier morceau de pain et la mettre ainsi dans l'impossibilité complète de tenter une trouée, un acte de désespoir de nos soldats était la crainte perpétuelle du prince Frédéric-Charles.

Outre la protestation du 57ᵉ de ligne, nous ajoutons sans craindre d'être jamais démenti : l'allocution faite aux officiers de l'armée, par ordre du maréchal commandant en chef, a été écoutée par tous dans le plus profond silence, tellement nous étions frappés de stupeur. Chacun s'écria intérieurement : Bazaine a levé le masque et veut faire de nous les soldats d'un nouveau *Deux Décembre.*

Infamie !!! mêlés aux Prussiens nous marcherions sur Paris pour mitrailler des Français et rétablir sur le trône la race maudite des Bonaparte ; non ! Dieu ne permettra plus un tel crime, nos armes nous tomberaient plutôt des mains ou se tourneraient contre nous.

Ce ballon d'essai tomba de suite, le résultat qu'on croyait obtenir ne fut pas atteint, nos dignes officiers gardèrent un silence méprisant, il devait en être ainsi ; à d'aussi injurieuses avances, on ne pouvait répondre que par le dédain.

La tentative criminelle, tendant à ébranler la fidélité des officiers pour les engager ensuite à marcher, de concert avec les Allemands, contre le gouvernement de la Défense nationale fut essayée dans tous les régiments de l'armée, mais en présentant cependant certaines variantes qu'il est nécessaire de mettre sous les yeux de nos lecteurs ; voici donc des extraits authentiques du discours fait à certains régiments de ligne, à l'arme du génie, etc... :

Les renseignements recueillis par le général (M. Boyer) le long de la route, auprès des chefs de gare, et auprès de diverses personnes, se résument ainsi : L'anarchie la plus complète règne actuellement en France ; la discorde civile y paralyse la défense. . . . .

Le désordre est au comble dans le midi de la France.
Une armée de volontaires bretons a été détruite du côté d'Orléans.
La Normandie, parcourue par des bandes de brigands, a appelé les Prussiens pour rétablir l'ordre.
Le Havre, Elbeuf, Rouen ont actuellement des garnisons prussiennes qui concourent avec la garde nationale à sauvegarder la sécurité publique.
Un mouvement d'un caractère religieux a éclaté en Vendée, le Nord désire ardemment la paix.
La Prusse réclame la Lorraine, l'Alsace et plusieurs milliards d'indemnité de guerre.
L'Italie réclame la Savoie, Nice et la Corse.
Les différentes villes ne s'accordent pas quant à la forme du gouvernement nouveau.
Les d'Orléans ne se sont pas présentés.
Le gouvernement prussien ne peut songer à établir les bases des négociations qu'en s'adressant au gouvernement de fait qui existait avant le 1er septembre, c'est-à-dire à la régence ou au Corps législatif qui a siégé jusqu'au 1er septembre, mais pour que ce corps puisse délibérer, il faut qu'il soit protégé par une armée française. Tel est le rôle qu'aura sans doute à remplir l'armée de Metz.
L'armée sépare sa cause de celle de la ville de Metz, en attendant qu'elle puisse partir..... pour aller remplir une nouvelle mission patriotique.
Si vous avez, messieurs, quelques explications nouvelles à demander, je m'empresserai de vous les donner, mais je dois vous dire qu'aucune discussion ne saurait être admise.

Voilà ce que des chefs de corps, des généraux français, portant sur leurs épaulettes la triple étoile, osaient dire et répéter aux officiers placés sous leurs ordres pendant que la France luttait avec tant d'héroïsme contre les barbares, pendant que Paris prenait la sublime résolution de résister jusqu'à son dernier morceau de pain et d'affronter les horreurs d'un effroyable bombardement.

Proclamations. — Ordre du jour au maréchal Bazaine à l'armée. — Mouvement populaire du 28 octobre. — L'armée française est déclarée prisonnière de guerre. — Journée du 29 octobre, entrée des Prussiens à Metz, les forts sont occupés par l'ennemi. — Désespoir de nos officiers et de nos soldats. — Charges qui pèsent sur le commandant en chef de l'armée du Rhin.

Protester était un devoir. Le 27 octobre au matin, l'auteur de ces lignes fit paraître dans l'*Indépendant de la Moselle* un article qui donnait un démenti formel aux bruits mensongers qui étaient mis en circulation et contre lesquels, on l'a vu, la garde nationale de Metz s'était vivement élevée.

Cet article faisait connaître la situation exacte, la résistance héroïque de Paris, la marche vers la capitale de l'armée de Lyon, la réunion des armées de l'Ouest, les combats partiels livrés chaque jour à notre avantage, la levée en masse, le découragement des soldats prussiens qui, voyant s'éterniser la lutte, commençaient à tourner un regard de regret vers l'Allemagne et leurs foyers, etc.

Cet article échappa à la censure du général Coffinières, gouverneur de la ville de Metz ; mais quelques jours après, M. Edouard Mayer, rédacteur en chef de cet intrépide petit journal, fut arrêté et emprisonné au fort Saint-Julien, par ordre du général prussien von Kummer, pour n'avoir pas voulu donner le nom de l'auteur ; il parvint heureusement à s'évader.

Il est évident qu'au moment où ces lignes paraissaient dans l'*Indépendant*, le mal était déjà sans remède, car le jour même à deux heures de l'après-midi la proclamation et le protocole suivants étaient apposés sur les murs de Metz :

PROCLAMATION.

Habitants de Metz,

Il est de mon devoir de vous faire connaître loyalement notre situation, bien persuadé que vos âmes viriles et courageuses seront à la hauteur de ces graves circonstances.

Autour de nous est une armée qui n'a jamais été vaincue et qui s'est montrée aussi ferme devant le feu de l'ennemi que devant les plus rudes épreuves. Cette armée, interposée entre la ville et l'assiégeant, nous a donné le temps de mettre nos forts en état de défense et de monter sur nos remparts plus de 600 pièces de canon ; enfin, elle a tenu en échec plus de 200,000 hommes.

Dans la place nous avons une population pleine d'énergie et de patriotisme, bien décidée à se défendre jusqu'à la dernière extrémité.

Si nous avions du pain, cette situation serait parfaitement rassurante ; malheureusement il n'en est pas ainsi.

J'ai déjà fait connaître au Conseil municipal que, malgré la réduction des rations, malgré les perquisitions faites par les autorités civiles et militaires, nous n'avions de vivres assurés que jusqu'au 28 octobre.

De plus, notre brave armée, déjà si éprouvée par le feu de l'ennemi, puisque 42,000 hommes en ont subi les atteintes, souffre horriblement de l'inclémence exceptionnelle de la saison et des privations de toute sorte. Le conseil de guerre a constaté ces faits, et M. le maréchal commandant en chef a donné l'ordre formel, comme il en a le droit, de verser une partie de nos ressources à l'armée.

Cependant, avec nos économies, nous pouvons résister jusqu'au 30 courant, et notre situation ne se trouvera pas sensiblement modifiée.

Jamais dans les fastes militaires, une place de guerre n'a résisté jusqu'à un épuisement aussi complet de ses ressources, et n'a été aussi encombrée de blessés et de malades.

Nous sommes donc condamnés à succomber, mais ce sera avec honneur et nous ne serons vaincus que par la faim.

L'ennemi, qui nous investit péniblement depuis plus de 70 jours, sait qu'il est près d'atteindre le but de ses efforts : il demande la place et l'armée, et n'admet pas la séparation de ces deux intérêts. Quatre ou cinq jours de résistance désespérée n'auraient d'autres résultats que d'aggraver la situation des habitants. Tous peuvent, d'ailleurs, être bien convaincus que leurs intérêts privés seront défendus avec la plus vive sollicitude.

Sachons supporter stoïquement cette grande infortune, et conservons le ferme espoir que Metz, cette grande et patriotique cité, restera à la France.

Metz, le 37 octobre 1870.

Le général commandant supérieur,

F. COFFINIÈRES.

Immédiatement après cette proclamation, venait le protocole suivant :

PROTOCOLE.

Entre les soussignés : le chef d'état-major général de l'armée française sous Metz et le chef de l'état-major de l'armée prussienne devant Metz, tous deux munis des pleins pouvoirs de Son Excellence le maréchal Bazaine, commandant en chef, et du général en chef Son Altesse Royale le prince Frédéric-Charles de Prusse,

La convention suivante a été conclue :

Article 1er. — L'armée française, sous les ordres du maréchal Bazaine, est prisonnière de guerre.

Art. 2. — La forteresse de la ville de Metz avec tous les forts, le matériel de guerre, les approvisionnements de toute espèce et tout ce qui est propriété de l'Etat seront rendus à l'armée prussienne dans l'état où tout cela se trouve au moment de la signature de cette convention.

Samedi, 29 octobre, à midi, Saint-Julien, Queuleu et Saint-Privat, ainsi que la porte Mazelle (route de Strasbour), seront remis aux troupes prussiennes.

A dix heures du matin de ce même jour, des officiers d'artillerie et du génie, avec quelques sous-officiers, seront admis dans lesdits forts, pour occuper les magasins à poudre et pour éventer les mines.

Art. 3. — Les armes ainsi que tout le matériel de guerre, consistant en drapeaux, aigles, canons, mitrailleuses, chevaux, caisses de guerre, équipages de l'armée, munitions, etc..., seront laissés à Metz et dans les forts à des commissions militaires instituées par monsieur le maréchal Bazaine, pour être remis immédiatement à des commissaires prussiens.

Les troupes sans armes seront conduites, rangées d'après leurs régiments ou corps, et en ordre militaire, aux lieux qui sont indiqués pour chaque corps. Les officiers rentreront alors librement, dans l'intérieur du camp retranché, ou à Metz, sous la condition de s'engager sur l'honneur à ne pas quitter la place sans l'ordre du commandant prussien.

Les troupes seront alors conduites par leurs sous-officiers aux emplacements de bivouac. Les soldats conserveront leurs sacs, leurs effets et les objets de campement (tentes, couvertures, marmites, etc.).

Art. 4. — Tous les généraux et officiers, ainsi que les employés militaires ayant rang d'officiers, qui engageront leur parole d'honneur par écrit de ne pas porter les armes contre l'Allemagne, et de n'agir d'aucune manière contre ses intérêts jusqu'à la fin de la guerre ; les officiers et employés qui accepteront cette condition conserveront leurs armes et les objets qui leur appartiennent personnellement.

Pour reconnaître le courage dont ont fait preuve pendant la durée de la campagne les troupes de l'armée et de la garnison, il est en outre permis aux officiers qui opteront pour la captivité d'emporter avec eux leurs épées ou sabres, ainsi que tout ce qui leur appartient personnellement.

Art. 5. — Les médecins militaires, sans exception, resteront en arrière pour prendre soin des blessés ; ils seront traités d'après la convention de Genève, il en sera de même du personnel des hôpitaux.

Art. 6. — Des questions de détail concernant principalement les intérêts de la ville sont traitées dans un appendice ci-annexé, qui aura la même valeur que le présent protocole.

Art. 7. — Tout article qui pourra présenter des doutes sera toujours interprété en faveur de l'armée française.

Fait au château de Frescaty, le 27 octobre 1870.

Signé : JARRAS. — STIEHLE.

C'est avec un profond serrement de cœur qu'on jette les yeux sur ces deux documents, devenus malheureusement historiques ; l'esprit reste frappé de stupeur quand on songe à l'immensité d'un semblable désastre préparé par l'ambition vulgaire et monstrueuse de *l'homme de Metz*, quand on réfléchit surtout aux conséquences terribles que cette honteuse capitulation imprima à la défense de notre pays.

Les fastes militaires d'aucune grande puissance européenne ne présentèrent jamais une semblable honte, une pareille trahison.

L'histoire dira que 170,000 soldats d'une nation qui avait dans son passé 89, la prise de la Bastille et la plus glorieuse révolution des temps modernes, ont été pris en masse par les plus mauvaises troupes d'Allemagne.

Que cette armée, réellement solide, victorieuse dans plusieurs batailles rangées, ayant dans ses annales les immortelles campagnes de la République, Valmy, Jemmapes, Fleurus et les souvenirs éblouissants du premier Empire, que cette armée, dis-je, a mis bas les armes devant les vaincus d'Iéna, et rendu, en même temps une place formidable sur laquelle elle s'appuyait et cinq forts imprenables.

Le 28 octobre au matin, l'ordre suivant fut lu à l'armée française :

A l'armée du Rhin :

Vaincus par la famine, nous sommes contraints de subir les lois de la guerre en nous constituant prisonniers. A diverses époques de notre histoire militaire, de braves troupes, commandées par Masséna, Kléber, Gouvion-Saint-Cyr, ont éprouvé le même sort, qui n'entache en rien l'honneur militaire, quand, comme vous, on a si glorieusement accompli son devoir jusqu'à l'extrême limite humaine.

Tout ce qu'il était loyalement possible de faire pour éviter cette fin a été tenté et n'a pu aboutir.

Quant à renouveler un suprême effort pour briser les lignes fortifiées de l'ennemi, malgré notre vaillance et le sacrifice de milliers d'existences, qui peuvent encore être utiles à la patrie, il eût été infructueux, par suite de l'armement des forces écrasantes qui gardent et appuient ces lignes : un désastre en eût été la conséquence.

Soyons dignes dans l'adversité, respectons les conditions honorables qui ont été stipulées, si nous voulons être respectés comme nous le méritons. Evitons surtout pour la réputation de cette armée les actes d'indiscipline comme la destruction d'armes et matériel, puisque, d'après les usages militaires, matériel et armement devront faire retour à la France, lorsque la paix sera signée.

En quittant le commandement, je tiens à exprimer aux généraux, officiers et soldats, toute ma reconnaissance pour leur loyal concours, leur brillante valeur dans les combats, leur résignation dans les privations, et c'est le cœur brisé que je me sépare de vous.

Le maréchal de France commandant en chef,
BAZAINE.

La journée du 28 octobre prendra une page glorieuse dans les annales de Metz, dès le matin, les cafés et les brasseries s'emplissaient d'officiers, de sous-officiers et de soldats, fous de rage et de douleur, brisant leurs armes et accablant Bazaine de leurs énergiques malédictions.

La situation déplorable dans laquelle nous nous trouvions était prévue depuis quelque temps, personne ne pouvait s'y faire, cette fin lamentable était arrivée à sa dernière heure, pouvions-nous donc rester calmes en présence d'un pareil malheur, devant la perte de toutes nos espérances ?

A deux heures une extrême agitation se fait remarquer dans la cité, la Place d'Armes est encombrée de groupes nombreux de gardes nationaux, sans armes, quelques-uns portent des drapeaux tricolores voilés.

La statue du maréchal Fabert, l'une de nos gloires nationales, est enveloppée religieusement d'un immense voile noir et couronnée d'immortelles ; l'auteur de ces lignes, en tenue, paraît et donne l'ordre de sonner le tocsin à la cathédrale, cet ordre est exécuté avec un empressement patriotique, la grande Mute est mise en branle par le peuple et pendant deux heures on entend sonner un glas funèbre, annonçant l'agonie de la ville et de l'armée et protestant au nom de la France contre les actes odieux livrant à l'étranger notre boulevard sacré et les clés de la patrie (1).

L'autorité militaire n'osa pas réprimer ce mouvement patriotique, elle ne donna pas signe de vie pendant la journée, mais le soir, à 7 heures, deux bataillons du deuxième de ligne, les armes chargées, occupaient militairement la place d'armes, l'arsenal était également gardé par un fort piquet de ce régiment.

L'armée française, sous les murs de Metz, a été trahie et vendue.

Nos soldats sont malheureux, mais non déshonorés, car leur volonté a été enchaînée, et leur courage complètement arrêté ou rendu impuissant.

Chaque membre de la grande famille militaire a le droit d'interpeller l'ex-commandant en chef de l'armée du Rhin, pour lui demander de combien de millions on a payé la honte du pays.

---

(1) Je soussigné, Edouard Mayer, rédacteur en chef de l'*Indépendant de la Moselle*, déclare que M. le lieutenant d'infanterie Eugène Roiffé dans plusieurs articles signés : *Un Messin à ses concitoyens*, a poussé le peuple et l'armée à la résistance à outrance. Le 28 octobre, à deux heures de l'après-midi, cet officier a fait sonner le tocsin à la cathédrale pour protester contre la capitulation ; malheureusement il était trop tard.

Metz, le 29 octobre 1870. Edouard MAYER.

Que Bazaine sache bien que la Capitulation de Metz n'a jamais été une nécessité inexorable ; quand on a eu comme lui, l'insigne honneur de commander en chef une armée de 180,000 soldats intrépides et dévoués, aucune transaction n'était possible : Il fallait combattre, toujours combattre et percer les lignes ennemies.

Non ! avec de pareilles troupes on ne se laisse pas prendre ; on ne les livre pas désarmées au bout de trois mois de blocus à un ennemi implacable.

Que l'esprit de nos valeureux soldats ne s'accoutume pas à la pensée des honteuses capitulations de Sedan et de Metz.

Songeons à l'avenir ; un jour viendra, où il faudra effacer ces hontes du grand livre de l'histoire.

Pensons à l'Alsace et à la Lorraine, une suprême et dernière revanche est nécessaire. Ce jour-là, selon l'énergique expression du poète : On pourra mesurer la profondeur de notre chute à la hauteur de nos bonds lorsque nous nous précipiterons sur nos ennemis.

Quant à vous, Bazaine, une voix formidable et terrible, éternel écho de l'opinion publique indignée, répètera de génération en génération :

Bazaine a foulé aux pieds la probité patriotique ! ! Bazaine a trahi ! ! Bazaine a vendu l'honneur de l'armée ! ! Bazaine a essayé d'assassiner la France ! !

L'obéissance passive dans l'armée (1).

> Un général a reçu des ordres et des instructions pour employer ses troupes à la défense de la patrie : Comment pourrait-il avoir l'autorité d'ordonner à ses soldats de livrer leurs armes et de recevoir des chaînes......
> Celui qui commande de rendre les armes et ceux qui obéissent sont également traîtres, et méritent la peine capitale !
> Signé : NAPOLÉON Ier.

La question de l'obéissance passive dans l'armée est à nos yeux

---

(1) Avant d'aborder le chapitre de l'obéissance passive, il était nécessaire que nous fissions connaître succinctement à nos lecteurs, les faits principaux qui conduisirent Metz et l'armée au désastre le plus inouï des temps anciens et modernes.   E. ROÏFFÉ.

d'une telle importance qu'avant de la traiter à fond, nous l'avons longuement mûrie en nous appuyant sur des documents d'une valeur incontestable.

Nous défions d'avance, les généraux bonapartistes qui encombrent encore en ce moment le cadre de l'état-major général, de réfuter ce que nous allons avancer.

Pour résoudre un pareil problème, il faut avoir porté longtemps les épaulettes et le harnais militaire, il faut avoir souffert dans l'armée sous des chefs indignes, il faut avoir été témoin oculaire de la capitulation de Metz et assisté jusqu'au bout à la lutte héroïque d'un grand peuple trahi, trompé, vendu, ayant perdu tous ses canons et toutes ses armées et néanmoins se levant en masse pour sauver son honneur et combattre à outrance ses implacables ennemis.

En écrivant ces lignes, destinées sans doute à jeter un certain trouble dans quelques consciences inquiètes, nous nous sommes inspiré du plus ardent patriotisme ; c'est sous le regard irrité de notre vaillante Alsace, c'est sous l'œil baigné de larmes de notre douce et malheureuse Lorraine, que nous saisissons la plume.

Nous prenons ici l'engagement solennel de les défendre et de protester chaque jour contre la plus odieuse des annexions.

Commençons par dire de suite que l'obéissance passive, absolue, dans l'armée est nécessaire.

En temps de paix, le soldat, le sous-officier et l'officier doivent exécuter les ordres de leurs chefs sans murmures et sans commentaires ; ils doivent comprendre que celui qui commande accepte d'avance la responsabilité de ses actes.

Le bien du service et l'exécution des règlements militaires dépendent toujours de l'empressement que l'inférieur doit mettre à exécuter l'ordre de son supérieur.

En temps de guerre, l'ordre à exécuter n'est plus un simple devoir professionnel à remplir, ce n'est plus l'obéissance absolue, c'est le dévouement illimité à des chefs dignes et aimés, c'est le sacrifice jusqu'aux dernières limites humaines, c'est la mort acceptée sur un signe du général. Oui, disons-le hautement, répétons-le toujours, c'est l'obéissance passive qui fait la force des armées et c'est dans cette même obéissance qu'on trouve la discipline.

L'obéissance passive est-elle limitée ? Nous répondons hardiment oui !

L'obéissance passive devient criminelle quand elle compromet l'existence d'une nation ?

L'obéissance passive devient criminelle quand elle sert les projets d'un ambitieux ou d'un traître cherchant à renverser un gouvernement régulier et à opprimer un peuple.

L'obéissance passive devient criminelle quand des généraux français ordonnent à leurs soldats de sabrer, de mitrailler, de fusiller des femmes, des enfants, des vieillards, des passants dans l'intérêt d'un prétendant quelconque.

L'obéissance passive devient criminelle quand des généraux français ordonnent à des armées de 100 et 160,000 hommes de mettre bas les armes et de se rendre à l'ennemi en rase campagne.

Dans ces différents cas, les soldats, les sous-officiers et les officiers doivent refuser d'obéir, car leur refus est un droit et un devoir. Nous allons le prouver.

En 1835, un grotesque et ridicule aventurier nommé Charles-Louis-Napoléon Bonaparte, le même qui, 35 ans plus tard, sous le nom de Napoléon III, devait lâchement rendre son épée au roi de Prusse, soulevait la garnison de Strasbourg aux cris de :

Vive l'Empereur !

Le 4ᵉ régiment d'artillerie, oubliant ses devoirs envers la patrie et le gouvernement régulier de la France, fit cause commune avec ce bandit, et se plaça sous ses ordres.

Ce jours-là les soldats, sous-officiers et officiers de ce régiment devaient refuser d'obéir à leur colonel qui les entraîna sous l'effort de la discipline ; leur obéissance fut donc criminelle au premier chef ; mais grâce au patriotisme du 46ᵉ régiment de ligne et au dévouement du tambour-major Kern, qui saisit le malfaiteur au collet, cet audacieux guet-apens avorta.

En 1851, ce même malfaiteur, qui, le 20 décembre 1848, avait prêté à son pays le serment suivant :

» En présence de Dieu et devant le peuple Français représenté
» par l'Assemblée nationale, je jure de rester fidèle à la République démocratique une et indivisible et de remplir tous les devoirs que m'impose la Constitution. »

Ce même malfaiteur, disons-nous, achetant à prix d'or les généraux et les colonels de l'armée de Paris, violait son serment, dévalisait la banque, faisait mitrailler les passants sur les boulevards, couvrait son pays de ruines et de sang et poignardait la République, gouvernement régulier de la France.

Ce jour-là encore les généraux qui trempèrent dans cet abominable complot déshonorèrent leurs épaulettes ; leurs soldats, certes ne devaient pas exécuter leurs ordres, car leur obéissance fut criminelle.

Denfert-Rochereau, l'héroïque défenseur de Belfort, condamne énergiquement cette sorte d'obéissance, et un colonel de l'armée de Paris, président en 1871 un des Conseils de guerre jugeant les accusés de la commune, prononça un jour les paroles suivantes :

> Un officier doit à ses chefs l'obéissance absolue, c'est vrai, mais lorsqu'ils sont capables d'exiger de lui un concours que réprouve sa conscience d'honnête homme, il n'a plus qu'un devoir : briser son épée plutôt que de la déshonorer.

Les généraux du guet-apens de décembre 1851 ne brisèrent pas leurs épées, nous devons ajouter que tous, sans exception, reçurent le prix du sang qu'ils avaient répandu.

Enfin, citons les lignes suivantes écrites par Victor Hugo avant les massacres de 1851 :

> L'obéissance passive, c'est la baïonnette éternellement posée sur le cœur de la loi. Oui, ici même, dans cette France qui est l'initiatrice du monde, dans cette terre de la tribune et de la presse, dans cette patrie de la pensée humaine, oui, telle heure peut sonner où le sabre règnera, où vous, législateurs inviolables, vous serez saisis au collet par des caporaux, où nos glorieux régiments se transformeront pour le profit d'un homme et la honte d'un peuple, en hordes dorées et en bandes prétoriennes ; où le sang de la première ville du monde, assassinée, éclaboussera l'épaulette d'or de vos généraux.

Paroles prophétiques, car quelques mois après la France tombait sous les coups du parjure assassin Louis-Napoléon Bonaparte et de ses odieux complices.

Dans les lignes qui précèdent nous avons traité l'obéissance passive dans l'armée sur le pied de paix et nous avons démontré les dangers pour la patrie, d'une obéissance sans limite lorsque des hommes de guerre, vendus à un prétendant quelconque, essaient d'entraîner les troupes placées sous leur commandement.

Maintenant nous allons passer du pied de paix au pied de guerre.

Généraux bonapartistes, vous qui avez capitulé à Sedan et à Metz, vous qui avez fait mettre bas les armes, en rase campagne, à des armées de 100,000 et 180,000 soldats français qui ne demandaient qu'à percer et à se battre ;

Généraux bonapartistes, vous qui avez livré à l'ennemi vos soldats, vos canons, votre matériel et vos drapeaux ;

Généraux bonapartistes, lisez et méditez les lignes qui vont suivre et dites-nous, si, dans l'avenir, ce grand peuple peut compter sur vous ?

Celui qui vous condamne en ce moment, c'est Napoléon 1er, ce grand génie militaire, qui, à défaut de liberté, donna de la gloire à la France.

Celui qui vous condamne en ce moment est l'homme qui déclara infâme le général Dupont, lequel à Baylen, avec 8,000 jeunes soldats, mourant de faim et de soif, cerné par les 50,000 Espagnols de Castanos, accepta une capitulation au lieu de mourir les armes à la main.

Celui qui vous condamne, c'est Napoléon 1er qui, avec 80,000 soldats, luttait en 1814 contre 800,000 coalisés, et dont la grande figure vous regarde et frémit d'indignation et de honte.

Celui qui vous condamne enfin, c'est le vainqueur d'Austerlitz.

Ecoutez :

Devoirs et obligations du général en chef.

Qu'une armée soit battue, ce n'est rien, le sort des armes est journalier et l'on répare une défaite ; mais qu'une armée fasse une capitulation honteuse, c'est une tache pour le nom français, pour la gloire des armes. Les plaies faites à l'honneur ne guérissent point, l'effet moral en est terrible.

On dit qu'il n'y avait pas moyen de sauver l'armée, de prévenir l'égorgement des soldats. Eh ! il eût mieux valu qu'ils eussent tous péri les armes à la main, qu'il n'en fût pas revenu un seul. Leur mort eût été glorieuse, nous les eussions vengés ; on retrouve des soldats, il n'y a que l'honneur qui ne se retrouve pas.

Paroles de Napoléon 1er à propos de la capitulation de Baylen.

Devoirs des commandants de place.

A la guerre un commandant de place *n'est pas juge des événements ;* il doit défendre la place jusqu'à la dernière heure ; il mérite la mort quand il la rend un moment plus tôt qu'il n'y est obligé.

Signé : NAPOLÉON 1er.

Des capitulations sur les champs de bataille.

Autoriser les généraux et les officiers à poser les armes en vertu d'une capitulat on cffre des dangers incontestables.

C'est détruire l'esprit militaire d'une nation, que d'ouvrir cette porte aux lâches, aux hommes timides ou même aux braves égarés. Dans une situation extraordinaire, il faut une résolution extraordinaire, plus la résistance d'un corps d'armée sera opiniâtre, plus on aura la chance d'être secouru ou de percer.

Signé : NAPOLÉON Ier.

Aucun souverain, aucun peuple, ne peut avoir de garanties s'il tolère que les officiers capitulent en plaine et posent les armes.

Se soustraire au péril, pour rendre la position de ses frères d'armes plus dangereuse, est évidemment une lâcheté.

Une pareille conduite doit être proscrite, déclarée infâme et passible de la peine de mort.

Les généraux, les officiers et les soldats, qui, dans une bataille, ont sauvé leur vie par une capitulation doivent être décimés ;

Celui qui commande de rendre les armes et ceux qui obéissent, sont également traîtres et méritent la peine de mort.

Signé : NAPOLÉON Ier.

Généraux de Napoléon-le-Petit :

De Cissey, négociateur de la capitulation de l'armée du Rhin, l'homme aux chapelles de campagne.

Lebœuf, l'homme aux boutons de guêtre.

Ladmirault, l'accusateur de Ranc.

Canrobert, l'homme du boulevard Montmartre.

Dewau.

Bourbaki, vous qui avez quitté l'armée du Rhin, le 23 septembre, pour vous rendre à Londres auprès de l'ex-impératrice.

Coffinières, vous qui avez prononcé à Metz les paroles suivantes : Je ferai fusiller le premier qui parlera de se rendre.

Jarras, négociateur de la capitulation de l'armée du Rhin.

Boyer, l'âme damnée du dégradé Bazaine, vous qui avez insulté la France.

Frossard, le triste héros de Forbach.

Soleil, vous qui avez audacieusement menti le 26 août, en déclarant que l'armée du Rhin n'avait plus de munitions de guerre que pour un combat, lorsque vous saviez qu'elle était réapprovisionnée comme aux premiers jours des opérations.

Changarnier, vous qui avez insulté des généraux qui cherchaient à percer les lignes ennemies ; vous qui avez prononcé ces effroyables paroles : « J'aime mieux que l'armée périsse plutôt que de la voir se sauver par l'indiscipline ».

Dites-nous, généraux de Metz, dites-nous, comment Napoléon Ier votre maître à tous aurait qualifié votre conduite. Mais continuons nos citations.

De la discipline et de l'obéissance militaire au point de vue des capitulations.

De ce que les lois et la pratique de toutes les nations ont autorisé *spécialement* les commandants des places fortes à rendre leurs armes et qu'elles n'ont jamais autorisé aucun général à faire poser les armes à ses soldats dans un autre cas, on peut avancer qu'aucun prince, aucune république, aucune loi ne les y a autorisés.

Le souverain et la patrie commandent à l'officier inférieur et aux soldats l'obéissance envers leur général et leurs supérieurs, pour tout ce qui est conforme au bien ou à l'honneur du service.

Les armes sont remises aux soldats avec le serment militaire de les défendre jusqu'à la mort.

Un général a reçu des ordres et des instructions pour employer ses troupes à la défense de la patrie : *Comment pourrait-il avoir l'autorité d'ordonner à ses soldats de livrer leurs armes et de recevoir des chaînes.*

Signé : Napoléon Ier.

Il résulte de la déclaration de Napoléon Ier que les soldats, sous-officiers et officiers des armées de Sedan et de Metz avaient le droit et le devoir à la fois de refuser obéissance aux généraux qui leur ordonnaient de rendre leurs armes à l'ennemi.

Non seulement cela ne fut pas, mais des milliers de soldats exaspérés, ayant brisé leurs fusils, des généraux arrêtèrent immédiatement ces destructions d'armes.

Bazaine et les généraux de l'armée du Rhin.

Les peines qui ont frappé l'ex-commandant en chef de l'armée du Rhin ont-elles satisfait l'opinion publique ?

L'opinion publique depuis longtemps a répondu : non !

Le dégradé Bazaine, ses complices et ses complaisants ont soulevé des haines nationales qui ne peuvent s'apaiser, qui ne s'éteindront jamais.

Pourquoi Bazaine a-t-il été frappé seul ?

Le procès de Trianon a démontré que l'obéissance passive, absolue, sans limites est un masque dont quelques généraux se couvrirent pour mieux servir les projets ténébreux de cet homme.

Plaçons donc sous les yeux de nos lecteurs des documents dont ils ignorent sans doute l'existence.

Au 18 octobre 1870, Metz, la cité martyre, semblait dormir renfermée dans ses larges murailles ; un affaissement général s'était produit dans la population et dans l'armée, la ville paraissait morte.

Nos glorieux régiments, victorieux à Borny, Gravelotte, Saint-Privat, etc., couchés sur la terre humide, reposaient sous la protection de leurs grand'gardes protégées elles-mêmes par les forts couvrant le camp retranché, mais dont les canons avaient dû se taire depuis longtemps sur l'ordre du commandant en chef.

Depuis 2 mois, c'est-à-dire depuis le 18 août, la ville et l'armée française étaient bloquées par les troupes du prince Frédéric-Charles (200,000 hommes environ).

Depuis 2 mois, malgré le dévouement sublime des femmes et des jeunes filles de Metz, nos blessés mouraient par milliers emportés par le typhus et par le manque de nourriture, lorsque le blé en gerbes avait été donné en guise de fourrage aux chevaux de la cavalerie.

Tous les jeunes enfants étaient morts faute de lait.

Depuis 2 mois l'armée ne demandait qu'à percer les lignes ennemies, l'armée ne demandait qu'à se battre et à voler au secours de la patrie.

Depuis le 13 septembre les événements qui s'étaient accomplis en France étaient connus, l'empire n'existant plus, le général Coffinières, gouverneur de Metz, avait fait reconnaitre à la population et aux troupes placées sous ses ordres le gouvernement de la Défense nationale.

Le 13 septembre, l'aigle impériale placée à la hampe du drapeau arboré sur l'hôtel de ville avait été arrachée et foulée aux pieds aux cris de : Vive la République ! Ce jour-là, Bazaine lui-même, apprenait à l'armée la composition du gouvernement de la défense nationale, partout obéi en France.

Depuis longtemps le commandant en chef de l'armée du Rhin entretenait des intelligences avec l'ennemi et nous devons ajouter que ces intelligences n'étaient un mystère pour personne : généraux, officiers, soldats, bourgeois, tout le monde enfin avait la certitude que des projets horribles étaient tramés dans l'ombre ; le mot trahison était dans toutes les bouches.

Bazaine était entré dans cette voie du crime, qui devait le conduire après toutes les hontes acceptées jusqu'au poteau de Satory, où la clémence du chef de l'Etat arrêta la suprême expiation.

Le 18 octobre, les chefs de corps d'armée, sur l'ordre de Bazaine, étaient convoqués au Ban-Saint-Martin, grand quartier général.

La séance du conseil de guerre fut ouverte à midi.

Etaient présents :

Bazaine, maréchal de France, commandant en chef, Président.

Canrobert, maréchal de France.

Lebœuf, maréchal de France.

Ladmirault, général de division.

Frossard, général de division.

Desveaux, général de division, commandant provisoirement la garde impériale.

Coffinière, général de division, gouverneur de Metz.

Soleil, général de division, commandant l'artillerie.

Changarnier, général de division, du cadre de réserve, celui qui s'attira cette apostrophe foudroyante de la part du colonel Denfert-Rochereau : « Nous nous appelons Belfort et vous vous appelez Metz ! »

Tous ces hommes portaient sur leurs épaulettes la triple étoile, trois étaient maréchaux de France.

Ce jour-là, pour la première fois, l'obéissance passive, absolue, sans limites et le salut de la patrie se trouvèrent en présence.

Vous voyez ces hommes, amis lecteurs, la France a remis à leur garde ce qu'elle a de plus sacré : son salut et la clé de sa frontière de l'Est.

La France compte sur leur honneur et leur patriotisme ; aussi en les couvrant d'or depuis les éperons jusqu'au chapeau, en les comblant de dignités et d'honneurs elle leur a dit :

Un jour peut venir où je serai envahie, foulée aux pieds de l'étranger, insultée, souillée, l'heure peut sonner où mon existence sera compromise, où j'aurai besoin de vous pour me défendre, où mes villes seront brûlées, mes champs ravagés et mes enfants égorgés ; ce jour-là, je puis compter sur vous, n'est-ce pas ?

Ces hommes se sont inclinés. Voyons ce qu'ils ont fait le 18 octobre.

A cette date notre malheureux pays était envahi par 800,000 allemands, Paris était assiégé et allait étonner le monde par une résistance poussée jusqu'aux dernières limites, la nation s'armait pour continuer une guerre à outrance où elle devait du moins sauver son honneur.

Le gouvernement de la Défense nationale était reconnu et obéi par tous, et malgré les défaites succédant aux défaites, la France levait fièrement la tête, car elle comptait sur Metz, sur son armée du Rhin et sur ses généraux ; cette armée était pour elle l'espoir suprême. Le 18 octobre, avons-nous dit plus haut, les chefs de corps étaient réunis en conseil de guerre.

Voici exactement les deux premières conditions auxquelles adhéra ce conseil :

L'armée de Metz déclare qu'elle est toujours l'armée de l'empire, décidée à soutenir le gouvernement de la Régence.
Cette déclaration de l'armée coïncidera avec un manifeste de Sa Majesté l'impératrice régente au peuple français.

L'empire avant la France ! l'empire avant la patrie envahie ! Voilà ce que ces hommes n'ont pas craint de déclarer.

Cette conduite arracha au vaillant colonel Ch. Martin les lignes suivantes :

Si, au lieu d'être la sauvegarde de notre honneur et de nos lois militaires, certains membres de ces conseils les ont foulés aux pieds ; — Si, au lieu de combattre l'envahisseur, ils ont fait de la politique, et de la politique de compte à demi avec lui (Bazaine) ; — S'ils ont tenté d'employer les forces qui leur étaient confiées pour défendre le pays, au profit d'intérêts dynastiques, en envoyant Boyer à Versailles et à Londres ; — S'ils ont eu, enfin, la criminelle pensée d'annihiler la meilleure armée de la France pour la mettre au service de cette politique ; — En un mot, s'ils n'ont pas été trompés, indignement trompés par le commandant en chef, ce ne sont plus les membres irresponsables d'un conseil de guerre que l'opinion publique a devant elle ; c'est un conciliabule de conspirateurs contre le salut du pays, contre l'intégrité de son territoire, contre l'honneur de ses armes.

En lisant les deux premières conditions citées plus haut et acceptées par les membres du conseil de guerrre tenu le 18 octobre, l'opinion publique ne peut égarer son jugement ; du reste Bourbaki quittant l'armée le 23 septembre en compagnie du traître

Reignier pour se rendre à Londres auprès de l'impératrice nous donne une nouvelle preuve que certains généraux de l'armée du Rhin préféraient s'occuper de politique que de percer les lignes ennemies.

Ainsi donc, au lieu de discuter les moyens de sauver l'armée et de voler au secours de leur pays ; en présence d'un ennemi implacable qui se moque d'eux et les regarde avec pitié, ces généraux français font de la politique et se courbent sous la volonté d'un homme dont les intrigues criminelles avaient été démasquées depuis longtemps. Et l'obéissance passive au général en chef, vont nous dire quelques timides ?

Nous répondrons : l'obéissance à un chef n'existe plus lorsque ce chef trahit.

L'obéissance passive n'existe plus lorsqu'elle compromet le salut de la France et porte atteinte à l'honneur des armes.

Le devoir de ces étranges généraux leur était dicté pourtant par leur conscience, si leur conscience avait été capable de comprendre le patriotisme : enlever à Bazaine un commandement dont il n'était plus digne, et mettre cet homme dans l'impossibilité d'entraîner les troupes hors du devoir.

Voilà ce que ces généraux auraient dû faire !

S'est-il trouvé des historiens pour blâmer les bataillons républicains qui ont fait feu sur Dumouriez, lorsque cet autre traître prit la fuite après avoir vainement cherché à entraîner son armée contre la convention, alors gouvernement légal de la France ?

Pourtant Dumouriez avait du génie, Dumouriez avait sauvé la France à Valmy, à Jemmapes ; mais la trahison est un crime que la postérité ne pardonne jamais, et cet homme, qui aurait pu devenir une des gloires les plus pures de son pays, fût condamné à traîner à l'étranger, ainsi que le fait Bazaine en ce moment, une vieillesse dégradée et à vivre d'une aumône que lui faisait annuellement l'Angleterre.

Sous ce rapport, l'ignoble capitulard de Metz a sauvegardé l'avenir et chaque membre de la grande famille militaire a le droit d'interpeller ce traître pour lui demander de combien de millions on lui a payé la honte de son pays.

Il existe, ou plutôt il existait, des gens qui ont osé défendre l'homme de Metz. Le général Changarnier, dans un discours à l'Assemblée nationale, discours qui n'avait absolument rien de *français*, s'est fait, on se le rappelle, le chaud défenseur de l'ex-commandant en chef de l'armée du Rhin ; il s'est même oublié jusqu'à le traiter de « général victorieux », la France a apprécié depuis longtemps cette parole du général Changarnier.

Bazaine a trouvé des complaisants, Bazaine, enfin, trouve encore des Français indignes de ce nom qui essaient de le défendre.

Notre impartialité nous fait un devoir de déclarer qu'un très grand nombre d'officiers supérieurs et de généraux protestèrent avec énergie contre les faits indignes que nous venons de rapporter.

Reprenons notre récit :

Du 18 au 26 octobre, Metz et l'armée subissent toutes les horreurs d'un blocus rigoureux ; la ville ressemble à un immense cimetière ne pouvant plus contenir ses cadavres ; chaque jour, d'immenses fourgons emportent des milliers de morts à l'île Chambière, l'Esplanade transformée en ambulance est couverte de tentes ; si, par hasard, vous entr'ouvrez une de ces tentes, vous reculez d'horreur ! des blessés couchés sur la paille sont mêlés aux cadavres qui n'ont pu être enlevés.

Toutes les femmes et les jeunes filles sont en deuil, chacun s'attend à une épouvantable catastrophe et l'espoir a abandonné tous les cœurs.

L'armée campée dans son camp retranché ressemble à un grand corps sans âme ; depuis le combat de Ladonchamps (7 octobre), aucune prise d'armes n'a rompu l'espèce d'apathie dans laquelle se trouvent plongés nos officiers et nos soldats ; aussi la situation matérielle et morale s'est-elle considérablement aggravée, car personne n'ignore les pourparlers du commandant en chef avec l'ennemi.

Puis, pendant que Metz agonise et que notre digne et vaillante armée meurt lentement *victime* de l'obéissance passive, le traître Bazaine vit grassement à son quartier général et joue au billard avec ses complaisants ou ses complices.

Le roi de Prusse ayant subitement rompu avec Bazaine toute

négociation politique. l'homme de Metz, joué comme un niais par un ennemi rusé, va bientôt mettre le comble à ses forfaits, donner aux Allemands les clés de notre boulevard de l'Est et désarmer ses troupes.

Les mots « Trahison et Capitulation » retentissent lugubrement dans la cité républicaine et dans nos régiments.

Le 25 octobre au matin, la note suivante avait été insérée dans les journaux de la ville ; elle donne la mesure exacte du patriotisme des habitants :

« Il se signe, parmi la garde nationale de Metz, une adresse au maire et au Conseil municipal qui commence en ces termes :
« Des bruits de capitulation circulent dans notre ville, la garde nationale se déclare péniblement affectée de ces bruits qu'elle aime à croire mal fondés. La garde nationale espère que cette capitulation n'a pas été signée, surtout sans condition, comme on l'annonce ; elle offre toujours son concours à l'armée, pour continuer une défense même désespérée. »

Le lendemain soir, on lisait dans les journaux :

Conseil municipal de Metz.

Séance du 26 octobre 1870.

« En réponse à la délibération transmise hier à Monsieur le maréchal Bazaine, le Conseil a reçu à l'entrée de la séance de ce jour, une douloureuse communication, qui sera portée demain à la connaissance de tous nos concitoyens.
« Il résulte de cette communication, que l'armée assiégeante a refusé tout traité qui ne comprendrait pas à la fois l'armée et la place de Metz. »

. . . .

La situation, comme on le voit, devenait critique ; un certain nombre de citoyens essayèrent, mais vainement, de gagner quelques jours qui, sans être le salut de la ville et de l'armée, pouvaient évidemment exercer une influence heureuse sur la résistance de la France.

Mais la dernière heure de Metz et de l'armée du Rhin avait sonné. L'esprit reste frappé de stupeur, quand on songe à l'immensité d'un semblable désastre préparé par l'ambition vulgaire et monstrueuse d'un traître ; quand on réfléchit surtout aux conséquences terribles que cette exécrable capitulation imprima à la défense de notre pays.

Les fastes militaires d'aucune grande puissance européenne ne présentèrent jamais une semblable honte, une pareille trahison.

L'histoire dira que 170,000 Français ont été pris en masse, victimes du plus lâche attentat, par les plus mauvaises troupes d'Allemagne ;

Que cette armée, victorieuse dans plusieurs batailles rangées, ayant dans ses annales les immortelles campagnes de la Révolution et les souvenirs éblouissants du premier Empire, que cette armée, disons-nous, maitrisée par *l'obéissance passive*, a dû mettre bas les armes, à la voix de ses généraux, devant les vaincus d'Iéna et leur rendre en même temps que nos drapeaux une place formidablement armée et cinq forts imprenables.

La dernière heure de Metz.

Le 28 octobre, Bazaine annonça à l'armée qu'elle était prisonnière de guerre.

L'homme que la France entière devait flétrir et qu'un conseil de guerre devait ensuite condamner à la dégradation et à mort, malgré la chaude défense du général Changarnier, cet homme, disons-nous, dans son dernier ordre à l'armée, osait se comparer à Masséna, Gouvion Saint-Cyr, et défendait à ses malheureux soldats de briser leurs armes :

« Soyons dignes dans l'adversité, respectons les conditions honorables qui ont été stipulées, si nous voulons être respectés comme nous le méritons. Evitons surtout, pour la réputation de cette armée, les actes d'indiscipline comme la destruction d'armes et matériel, puisque, d'après les usages militaires, matériel et armement devront faire retour à la France lorsque la paix sera signée. »

Pouvait-on pousser plus loin le mensonge et l'impudence ? Mais où l'esprit reste confondu, c'est lorsqu'on songe que des généraux de l'armée du Rhin se prêtèrent à ces manœuvres criminelles.

N'oublions pas pourtant que de nobles protestations se produisirent et que des commandants de divisions et de brigades se révoltèrent à l'épouvantable idée de rendre les drapeaux de leurs régiments.

Les généraux de Lavaucoupet et Jeanningros refusèrent de rendre les leurs, et le général de brigade Lapasset répondit à l'officier qui lui communiquait l'ordre du commandant en chef :

« Allez dire au maréchal Bazaine que la brigade mixte du

général Lapasset ne rend pas ses drapeaux et ne s'en rapporte à personne du soin de les brûler. »

Les drapeaux de cette vaillante brigade furent brûlés devant les troupes formées en carré. Les soldats présentaient les armes, et les officiers, tête nue, pleuraient à chaudes larmes.

Malgré nos désastres, la journée du 28 octobre comptera dans les annales de Metz.

Dès le matin, les cafés et les brasseries s'emplissaient de bourgeois, d'officiers, de sous-officiers, de soldats, fous de rage et de douleur, brisant leurs armes et accablant Bazaine de leurs énergiques malédictions.

Cette cruelle situation était prévue depuis quelque temps, mais personne ne pouvait s'y faire. Cette fin lamentable était arrivée à sa dernière heure, pouvions-nous rester calmes en [présence d'un pareil malheur, devant la perte de toutes nos espérances ?

A deux heures, une extrême agitation se fit remarquer dans la cité, la place d'Armes est encombrée de groupes nombreux de gardes nationaux, sans armes, quelques-uns portent des drapeaux tricolores voilés.

La statue du maréchal Fabert, l'une de nos gloires nationales, est enveloppée religieusement d'un immense voile noir et couronnée d'immortelles ; la grande *Mute* est mise en branle par le peuple indigné, et pendant deux heures on entend sonner un glas funèbre, annonçant l'agonie de la ville et de l'armée, et protestant contre les actes odieux livrant à l'étranger notre boulevard sacré et les clés de la patrie.

L'autorité militaire n'osa pas réprimer ce mouvement patriotique, elle ne donna pas signe de vie pendant la journée, mais le soir à 7 heures, deux bataillons du 2ᵉ de ligne, les armes chargées, occupaient militairement la place d'Armes ; l'Arsenal était également gardé par un fort piquet de ce régiment.

Le soldat qui vendait la France n'aurait pas hésité un seul instant, nous en sommes convaincus, à noyer dans le sang français toute idée de résistance.

Le 29 octobre, jour de deuil et de honte, à midi précis, cinq colonnes ennemies étaient dirigées vers les forts, dont les portes venaient de s'ouvrir, pendant que de nombreux bataillons prussiens, musique en tête, drapeaux déployés, des batteries d'artillerie à leurs flancs, débouchaient par la route de Strasbourg et venaient se former en colonnes serrées, par divisions, sur la place Mazelle.

Quelques heures après, les cinq forts, les remparts, les postes et les portes de la ville étaient occupés par l'ennemi.

La trahison avait atteint son but ; la vieille cité républicaine, qui tant de fois avait résisté aux troupes de la coalition, Metz-la-Pucelle venait de perdre sa couronne de vierge, et pour la première fois entendait résonner sur ses pavés la crosse des fusils des routiers allemands.

Plus de 1,200 pièces de canon, 250,000 fusils, les drapeaux et les étendards de nos vaillants régiments, un matériel immense et 180,000 de nos soldats (dans ce chiffre se trouve comprise la garnison) tombaient au pouvoir de l'ennemi ; le général en chef de l'armée prussienne avait tenu parole à ses officiers : avant la fin du mois d'octobre, leur avait-il dit, Metz sera devenue ville allemande.

Pendant cette journée néfaste, nos héroïques soldats, affamés et désarmés, victimes de cet effroyable guet-apens, étaient conduits par leurs sous-officiers dans les lignes ennemies, remis aux Prussiens et parqués dans la boue comme de véritables bestiaux ; le soir même, 70 de ces malheureux, préférant la mort à cette affreuse situation, essayèrent une évasion et tombèrent sous les balles des Allemands.

Avant de quitter le ban Saint-Martin pour se rendre auprès du prince Frédéric-Charles, Bazaine envoya la croix de la légion d'honneur à M. Bouchotte, conseiller municipal, pour services exceptionnels pendant le blocus ; cet honorable citoyen renvoya la décoration :

» Je ne veux pas, dit ce patriote messin, recevoir une décora-
» tion de la main qui a signé la capitulation de Metz. »

Les protestations signées.

Lorsque la capitulation de Metz et de l'armée du Rhin fut connue, un immense cri d'indignation s'éleva ; la France, frappée au cœur, chancela un instant sous le coup, mais les patriotes, qui, alors, tenaient dans leurs mains les destinées de la patrie, adressèrent à l'armée et au peuple les circulaires suivantes :

Ordre à l'armée :

Soldats !

Vous avez été trahis, non déshonorés ! Depuis trois mois, la fortune trompe votre héroïsme. Vous savez aujourd'hui à quels désastres l'ineptie et la trahison peuvent conduire les plus vaillantes armées. Débarrassés de chefs indignes de vous et de la France, êtes-vous prêts, sous la conduite de chefs qui méritent votre confiance, à laver dans le sang des envahisseurs l'outrage infligé au vieux nom français ?

En avant ! Vous ne luttez plus pour l'intérêt et les caprices d'un despote, vous combattez pour le salut même de la patrie, pour vos foyers incendiés, pour vos familles outragées, pour la France, notre mère à tous, livrée aux fureurs d'un implacable ennemi. Guerre sainte et nationale, mission sublime pour le succès de laquelle, il faut, sans jamais regarder en arrière, nous sacrifier tous et tout entiers.

D'indignes citoyens ont osé dire que l'armée avait été rendue solidaire de l'infamie de son chef. Honte à ces calomniateurs qui, fidèles au système des Bonaparte, cherchent à séparer l'armée du peuple, les soldats de la République. Non ! j'ai flétri, comme je le devais, la trahison de Sedan et le crime de Metz, et je vous appelle à venger votre propre honneur qui est celui de la France.

Vos frères d'arme du Rhin ont déjà protesté contre ce lâche attentat, et retiré avec horreur leurs mains de cette capitulation à jamais maudite. A vous de relever le drapeau de la France qui, dans l'espace de quatorze siècles, n'a jamais subi une pareille flétrissure.

Le dernier des Bonaparte et ses séides pouvaient seuls amonceler sur nous tant de honte en si peu de jours ! Vous nous ramènerez la victoire, mais sachez la mériter par la pratique des vertus militaires, qui sont aussi les vertus républicaines, le respect de la discipline, l'austérité de la vie, le mépris de la mort.

Ayez toujours présente l'image de la patrie en péril. N'oubliez jamais que faiblir devant l'ennemi à l'heure où nous sommes, c'est commettre un parricide et en mériter le châtiment ; mais le temps des défaillances est passé, c'est fini des trahisons. Les destinées du pays vous sont confiées, car vous êtes la jeunesse française, l'espoir armé de la patrie ; vous vaincrez, et après avoir rendu à la France son rang dans le monde, vous resterez les citoyens d'une République paisible, libre et respectée !

Vive la France !

Vive la République !

Le membre du Gouvernement, ministre de l'intérieur et de la guerre,

Léon GAMBETTA.

RÉPUBLIQUE FRANÇAISE.

Liberté, Egalité, Fraternité.

CIRCULAIRE.

Le ministre de l'Intérieur à MM. les préfets et sous-préfets.

Proclamation au peuple Français.

Français ! Elevez vos âmes et vos résolutions à la hauteur des effroyables périls qui fondent sur la patrie.

Il dépend encore de vous de lasser la mauvaise fortune et de montrer à l'Univers ce qu'est un grand peuple qui ne veut pas périr, et dont le courage s'exalte au sein même des catastrophes.

Metz a capitulé. Un général, sur qui la France comptait, même après le Mexique, vient d'enlever à la patrie en danger plus de cent mille de ses défenseurs.

Le maréchal Bazaine a trahi : il s'est fait l'agent de l'homme de Sedan, le complice de l'envahisseur, et, au mépris de l'honneur de l'armée, dont il avait la garde, il a livré sans même essayer un suprême effort, cent vingt mille soldats, ses fusils, ses canons, ses drapeaux et la plus forte citadelle de la France, Metz, vierge jusqu'alors de la souillure de l'étranger ! ! ! Un tel crime est au-dessus des châtiments de la justice ; et maintenant, Français, mesurez la profondeur de l'abîme où vous a précipités l'empire.

Vingt ans la France a subi ce pouvoir corrupteur, qui tarissait en elle toutes les sources de la grandeur et de la vie. L'armée de la France, dépouillée de son caractère national, est engloutie, malgré l'héroïsme des soldats, par la trahison des chefs, dans les désastres de la patrie.

En moins de deux mois, deux cent vingt-cinq mille hommes ont été livrés à l'ennemi, sinistre épilogue du coup de main militaire de décembre.

Il est temps de vous ressaisir, citoyens, et, sous l'égide de la République, que nous sommes bien décidés à ne laisser capituler, ni au dedans, ni au dehors, de puiser dans l'extrémité même de nos malheurs le rajeunissement de notre moralité et de notre virilité politique et sociale ; oui, quelle que soit l'étendue du désastre, il ne nous trouvera ni consternés ni hésitants. Nous sommes prêts aux derniers sacrifices, et, en face d'ennemis que tout favorise, nous jurons de ne jamais nous rendre.

Tant qu'il restera un pouce du sol sacré sous nos semelles, nous tiendrons ferme le glorieux drapeau de la Révolution française ; notre cause est celle de la justice et du droit, l'Europe le voit, l'Europe le sent. Devant tant de malheurs immérités, spontanément, sans avoir reçu de nous ni invitation ni adhésion elle s'est émue, elle s'agite.

Pas d'illusion ! Ne nous laissons ni alanguir ni écœurer et prouvons, par des actes, que nous voulons, que nous pouvons tenir de nous-mêmes l'honneur, l'indépendance, l'intégrité, tout ce qui fait la patrie libre et fière.

Vive la France ! Vive la République une et indivisible !

Les membres du gouvernement,
CRÉMIEUX, GLAIS-BIZOIN, GAMBETTA.

Protestation du colonel d'Andlau.

Aujourd'hui général et sénateur.

M. d'Andlau est l'auteur du livre : *Metz, Campagne et Négociations !* Livre admirable, qui a vengé l'armée du Rhin et qui sera l'éternel honneur de celui qui l'a écrit, livre qui se termine par ces paroles qui sont comme l'épigraphe du solennel procès de Trianon :

D'autres ont dit : « Commandant en chef, qu'avez-vous fait de

» notre honneur ? » La France dira : « Qu'avez-vous fait de mon armée ? »

Quant à la lettre qu'on va lire, elle ne représente à nos yeux qu'une explosion d'indignation et de désespoir patriotique ; elle donne une idée exacte des sentiments qui animaient nos officiers prisonniers en Allemagne :

Hambourg, 27 novembre 1870.

Votre lettre du 4 novembre m'arrive à l'instant, et vous voyez que je ne perds pas de temps de mon côté à vous écrire, à vous remercier de votre bon intérêt, et à vous dire que je vais aussi bien qu'on peut aller dans la triste situation où l'incapacité et la trahison ont jeté notre malheureux pays. En présence de semblables infortunes, la nôtre disparaîtrait presque, si elle ne devait pas avoir pour conséquence l'extension de l'envahissement et, par suite, l'aggravation du mal pour cette France déjà si terriblement atteinte. Vous rappelez-vous ma ou mes lettres de Metz, ce que je vous disais de ce qui se passait alors, et ce que je prévoyais déjà en face des imbécillités et des faiblesses dont j'avais le triste spectacle ? Mais, hélas ! il y avait une chose que je n'avais pas prévue et que la Providence réservait comme dernier châtiment de notre orgueil et de notre décrépitude morale, c'était la trahison ! Eh bien ! cette douleur là ne nous a même pas été épargnée et nous avons assisté au honteux spectacle d'un maréchal de France, voulant faire de sa honte le marchepied de sa grandeur et de notre infamie la base de sa dictature, livrant ses soldats sans armes, comme un troupeau qu'on mène à l'abattoir et qu'on remet au boucher, donnant ses armes, ses canons, ses drapeaux, pour sauver sa caisse et son argenterie, oubliant à la fois tous ses devoirs d'homme, de général, de Français, et se sauvant furtivement, au petit jour, pour échapper aux insultes qui l'attendaient ou peut-être à la fureur qui l'aurait frappé...

Voilà ce que j'ai vu pendant deux longs mois, voilà ce que j'ai écrit du reste, ce que j'ai dit bien haut, à tel point qu'il m'a menacé de me faire arrêter, ainsi que mon ami S..., mais il n'en a même pas eu le courage ; il m'a refusé cette satisfaction ! Nous avons assisté à une trame ourdie de longue main, dont les fils ont été aussi multiples que les motifs ; et cet homme a obéi à des pensées si diverses, qu'on est à se demander aujourd'hui s'il n'était pas tombé dans cette imbécillité qui semblait être devenue l'apanage de cette honteuse dynastie et de ses créatures.

Il a d'abord trahi l'empereur pour rester seul et se faire gloire à lui-même ; puis il a manqué à ses devoirs de soldat, en ne voulant pas aller au secours de l'armée qui marchait sur Sedan, par haîne de Mac-Mahon, et pour ne pas servir à un accroissement d'illustration pour celui qu'il appelait son rival.

La catastrophe arrive, le trône est renversé, et il allait se rallier à la République, quand Trochu apparaît avec la grande position que la situation lui avait faite ; il ne voit plus, pour lui, la première place, celle qui peut seule lui assurer les gros traitements dont il s'est habitué à jouir, et il trahit alors la République et la France, pour chercher je ne sais quelle combinaison politique qui fera de lui le directeur du pays, sous la protection des baïonnettes prussiennes ! Cette combinaison lui échappe, et il se retourne alors vers la pensée impie d'une restauration impériale, qui conviendrait à la Prusse et lui assurerait toujours ce premier rôle auquel il aspire, sans souci de son honneur pas plus que de celui de son armée.

Mais l'ennemi ne veut plus rien entendre, car il le sait actuellement sans ressources. Il n'a pas même alors le courage de nous faire tuer ; il préfère nous déshonorer et noyer sa honte dans celle de son armée. Voilà ce qu'a fait cet homme ; quelle leçon pour les popularités mal acquises, quel réveil pour ceux qui ont pu croire un instant aux hommes de cette triste époque ! Bien des esprits sagaces ont deviné le mal au début, bien des braves cœurs ont voulu le prévenir et je vous dirai que ce sera pour moi un honneur d'avoir été un des auteurs de la conspiration qui se formait, aux premiers jours d'octobre, pour forcer Bazaine à marcher, ou le déposer. Les généraux Aymard, Courcy, Clinchant, Péchot, les colonels Boissonnet, Lewal, Davoust d'Auerstadt et d'Andlau, nous voulions à toute force sortir de l'impasse vers laquelle on nous précipitait, et que les autres ne voyaient pas ou ne voulaient pas voir... Mais il nous fallait un chef, un général de division, dont le nom et l'ancienneté eussent pu rallier l'armée dont nous aurions arrêté les chefs.

Eh bien ! pas un n'a voulu prendre cette responsabilité, pas un n'a eu le cœur de se mettre en avant pour sauver du même coup et l'armée et la France ! Ah ! ils sont bien coupables aussi, ces généraux et ces maréchaux, et ils auront des comptes sévères à rendre devant l'histoire et peut-être devant les tribunaux ; car voyez-vous, de pareilles infâmies rendent féroces, et j'en suis arrivé aujourd'hui à demander du sang pour laver l'injure qu'on m'a faite ! Je ne sais pas si mon caractère est changé, mais ce qu'il y a de certain, c'est que mes idées sont singulièrement modifiées. D'abord le nom seul de Napoléon me fait horreur, et il ne me reste du souvenir de cette dynastie que l'affection que je portais à la femme qui, elle du moins, s'est conduite avec cœur et honneur jusqu'à ces derniers jours. Je me jetterais aujourd'hui dans les bras des Rochefort, des Flourens, des Dorians, n'importe qui, pourvu qu'il me donnât un fusil et pût me dire: Frappez ! Frappez ! Frappez ! Vengez-vous ! Aujourd'hui, j'en suis arrivé presque à comprendre les massacres de 92, les horreurs de la Révolution, et j'ai regretté à Metz de ne pas voir arriver les anciens commissaires de la Convention aux armées, qui faisaient tomber les têtes des généraux et ne leur laissaient d'autre alternative que de vaincre ou de mourir ! Faut-il que j'aie passé par d'assez horribles épreuves pour en arriver là ! Le pensez-vous, vous qui m'avez pu si bien connaître dans des temps meilleurs et déjà si loins ?

Mais, pardon ! Je ne parle que de moi : c'est que je suis dans une telle exaspération, je gémis tellement chaque jour de la position que cet infâme nous a faite, qu'il m'est impossible de m'en distraire absolument...

Colonel D'ANDLAU.

Protestation des officiers du 57ᵉ de ligne.

Les officiers du 57ᵉ régiment de ligne certifient sur l'honneur que la capitulation de l'armée et de la ville de Metz s'est effectuée dans les conditions suivantes : « Depuis le 19 août, jour où l'investissement de la place a commencé, jusqu'au 19 septembre, l'armée est restée plongée dans une ignorance complète de la situation politique et militaire de la France. »

Du 19 septembre au 19 octobre — Rien.

Le 19 octobre, lendemain de la rentrée du général Boyer, envoyé en mission, les officiers du régiment se sont réunis pour recevoir une communication de M. le maréchal commandant en chef aux généraux de division ; la situation du pays, à ce jour, leur est dépeinte de la manière suivante :

Au point de vue politique : l'anarchie en France, le gouvernement de la Défense nationale renversé ou débordé, deux de ses membres (Gambetta et Kératry) ayant lâchement déserté leur poste en fuyant en ballon. (Nous citons textuellement).

Le drapeau rouge flottant sur Lyon. Toutes les villes un peu importantes se gouvernant chacune à sa façon. — Lille, Marseille, Bordeaux et d'autres grands centres mettant leurs intérêts commerciaux au-dessus du patriotisme.

Rouen et le Hâvre demandant des garnisons prussiennes.

Au point de vue militaire : Strasbourg rendu. La capitulation de Sedan. Les efforts de la France sur lesquels nous comptions tant pour la sauver se réduisent à la levée, dans l'ouest, d'une armée de 40,000 hommes. Cette armée battue et impuissante. Metz ne possédant plus de vivres pour elle et pour l'armée que pour très peu de jours.

Dans cette communication, les officiers ont appris, en outre, que le roi de Prusse cherchait à traiter de la paix à des conditions satisfaisantes ; que, ne trouvant aucun gouvernement régulier établi en France il acceptait la conclusion d'un traité provisoire passé avec S. M. l'Impératrice régente ; que M. le général Boyer était parti pour l'Angleterre afin d'obtenir l'acquiescement de l'Impératrice à cette proposition.

Dans cette réunion, les officiers ont encore appris, avec injonction d'en faire part à la troupe, que, si les conditions faites à l'Impératrice étaient acceptées, l'armée sortirait de Metz avec les honneurs de la guerre ; qu'il serait réservé à cette armée l'avantage d'un beau rôle : celui de rétablir l'ordre dans le pays.

Le 27 octobre, les officiers du régiment, ignorant la rentrée de mission du général Boyer, sont de nouveau réunis ; il leur est exposé que l'épuisement des vivres et l'impossibilité de résister plus longtemps rendent la capitulation inévitable, et que M. le maréchal commandant en chef assume sur lui seul la responsabilité du traité qu'il conclut avec l'ennemi.

Le 28 octobre, à trois heures du soir, le régiment n'a pas encore reçu de M. le maréchal commandant en chef l'avis officiel de la capitulation.

Les compagnies sont réunies à ce moment et rendent leurs armes.

Suivent les signatures du colonel Verjus et de cinquante-sept officiers du 57ᵉ régiment de ligne.

La protestation des officiers du 57ᵉ de ligne est d'une importance considérable ; elle prouve que les officiers de l'armée du Rhin depuis le sous-lieutenant jusqu'au colonel dégagent leur responsabilité de la trahison de Metz. Mais que dire du sieur Boyer, nommé général de brigade par son digne maître Bazaine, et qui poussa l'impudence jusqu'à insulter la France en essayant de faire croire aux régiments de l'armée du Rhin, que pendant la lutte à outrance que soutenait le pays contre nos envahisseurs, Rouen et le Havre *demandaient des garnisons prussiennes ?* Le sieur Boyer a été récompensé : la commission de revision des grades a maintenu cet homme dans le grade de général de brigade qu'il a si bien gagné.

Lettre de M. Cosseron de Villenoisy, colonel du génie, ex-sous-chef d'état-major de l'armée du Nord, demandant au président de l'Assemblée nationale qu'une enquête soit faite sur la conduite des généraux qui ont pris part à la capitulation de Metz et de l'armée du Rhin.

Monsieur le président,

Au moment où une trève se conclut entre nous et l'ennemi qui a envahi le territoire, au moment où, après un cruel exil, nos malheureux prisonniers vont revoir leurs foyers, la plupart, hélas! dévastés, et nous apporter un complément d'informations, il importe d'examiner sans passion, mais aussi sans faiblesse, les fautes qui ont amené nos désastres, afin d'en prévenir le retour.

Déjà deux décisions ministérielles ont prescrit d'ouvrir des enquêtes sur la conduite des commandants de Péronne et de Longwy. Sans préjuger quel en sera le résultat, il est permis de dire que cette mesure serait une injustice si elle devait rester à l'état d'exception, surtout si on exonérait de toute responsabilité les commandants des armées de Metz et de Sedan, dont les capitulations sont des actes sans précédents dans l'histoire.

J'ignore ce qui s'est passé à Sedan; mais, je me trouvais à Metz et je crois que la ruine d'une armée aussi valeureuse que dévouée est le résultat de la trahison, ou de coupables défaillances.

Les témoignages ne manqueront pas à cet égard et une protestation contre les clauses funestes de la capitulation a été déposée, dans les derniers jours d'octobre, entre les mains de M. Paul Odent, préfet de la Moselle, qui s'est chargé de la faire parvenir au ministre de la guerre. Une copie avait été remise au gouverneur de Metz. Lorsque nous l'avons signée, nous ne connaissions pas encore toutes les conséquences de l'acte criminel qui allait s'accomplir. Nous savions bien qu'il aurait été possible au maréchal Bazaine de détruire en détail l'armée du prince Frédéric-Charles, mais nous ignorions que le concours de ses troupes était nécessaire pour arrêter les progrès de l'armée de la Loire, prête à marcher au secours de Paris.

La situation périlleuse où étaient alors les envahisseurs doit-elle expliquer la hâte que l'on avait de voir l'armée et les habitants de Metz se résigner à leur funeste sort? C'est ce qu'il importe d'éclaircir. Dans tous les cas, la perte d'une place de premier ordre et d'une armée de 180,000 hommes est un fait assez important pour justifier la résolution que je supplie la Chambre d'adopter.

Il sera fait une enquête sur les causes de la capitulation de Metz et sur la conduite des généraux qui y ont pris part.

J'ai l'honneur, etc.

Signé : COSSERON DE VILLENOISY,
Colonel du génie, ex-sous-chef d'état-major de l'armée du Nord.

Lyon, le 9 mars 1871.

M. de Villenoisy est aujourd'hui général de brigade dans le cadre de réserve. Si l'enquête n'a pas eu lieu, c'est que M. de Cissey, l'un des négociateurs de la capitulation de Metz, était en 1871 ministre de la guerre.

La devise du général de Cissey est — *Quo Deus voluet* (où *Dieu voudra..... même au quartier général de Frédéric-Charles* !)

Le général de Cissey prit une part active à la répression énergique de la Commune par les troupes qui entrèrent à Paris en 1871.

Depuis, M. de Cissey a brisé la carrière d'officiers qui avaient assisté à un banquet présidé par M. Gambetta, — a fait voter la loi des aumôneries militaires, — a décrété des chapelles de campagne, a remis en vigueur les processions militaires, — a nommé dans l'armée territoriale comme officiers supérieurs tous les bonapartistes et cléricaux qu'il a pu trouver, — a destitué tous les républicains.

Protestation des officiers du 41ᵉ de ligne,

Lorsque le bruit se répandit dans l'armée du Rhin et dans Metz que des négociations étaient entamées avec l'ennemi en vue de la capitulation la plus lamentable qui fût jamais, le désespoir patriotique de cette armée et de cette noble ville se traduisit par les protestations les plus vives. Les officiers du 41ᵉ de ligne notamment, leur colonel en tête, adressèrent au maréchal Le Bœuf, commandant du 3ᵉ corps d'armée, sous les ordres duquel ils se trouvaient, la belle lettre suivante :

Queuleu, 28 octobre 1870.
Au maréchal Le Bœuf, commandant le 3ᵉ corps d'armée, à Saint-Julien.

Les officiers soussignés du 41ᵉ régiment de ligne, quoique n'ayant pas encore reçu la communication officielle d'une capitulation sans conditions, croient néanmoins devoir considérer comme vrai cet immense désastre.

Ils se font un devoir de protester de la façon la plus solennelle contre la reddition entière d'une armée qui n'a pas encore été battue par l'ennemi ; ils vous prient de vouloir bien être assuré de leur concours, et si vous voulez bien faire un appel à leur dévouement pour un acte énergique, ils se déclarent tous prêts à combattre.

Le colonel qui, avec 42 de ses officiers, a signé ces vaillantes déclarations, est M. Saussier, aujourd'hui général de division et gouverneur de Paris.

La Capitulation de Metz

Par Henri SALVA

Capitaine d'infanterie en retraite, chevalier de la Légion d'honneur.

> Vaincus par la famine, nous sommes contraints de subir les lois de la guerre en nous constituant prisonniers. A diverses époques de notre histoire militaire, de braves troupes, commandées par Masséna, Kléber, Gouvion Saint-Cyr, etc., ont éprouvé le même sort qui n'entache en rien l'honneur militaire, quand, comme vous, on a si glorieusement accompli son devoir jusqu'à l'extrême limite humaine. . . . .
> . . . .
>
> (BAZAINE, ordre à l'armée du 28 octobre 1870).

J'écris ceci — la honte au front, l'œil plein de larmes,
O vieux drapeau français, de gloire constellé !
Patrie en deuil, pays des splendides faits d'armes,
On était cent-vingt mille ! on a capitulé !

On a capitulé — lorsque battaient encore
Tant de cœurs dont le sang vermeil voulait jaillir
Et s'épancher à flots de la veine sonore
Jusqu'au souffle dernier, — plutôt que de faillir !

On a capitulé — lorsque, sur nos murailles
Muets, les noirs canons baissaient leurs cous pensifs,
Etonnés qu'on laissât la mort dans leurs entrailles
Et comme stupéfaits de rester inactifs !

On a capitulé — lorsque pâle, meurtrie,
Le front saignant, pareille au grand crucifié,
La France, sur sa croix agonisante, crie ;
Que l'Europe regarde et ne dit point : Pitié !

En vain tu veux mourir inviolée et belle
Sur la brèche, debout et le glaive à la main,
L'œil du crime te guette, héroïque Pucelle ;
Judas te baise au front pour te livrer demain.

Oh ! Qui que vous soyez, vous tous, dont l'âme est pleine
De respect pour le beau, pour le laid de dégoût,
Ne prononcez jamais ces sept lettres : BAZAINE !
Elles vous donneraient comme un hoquet d'égout.

Plus vil que son patron ; en rut devant le crime
De l'Homme de Sedan dont il portait le sceau,
Il vendit son armée et la Vierge sublime :
Metz — la forte cité, sa mère et son berceau.

Que pensez-vous de lui, morts-vivants, toi, fantôme
De l'Aigle de Zurich que Gênes fit si beau ;
Toi, Kléber, radieux comme un héros de Rome,
Front doré par la gloire et pur comme un flambeau ?

Son dernier bulletin, miroir où rit Macaire,
Vous évoque, Titans que rien ne put ployer ;
Il se dit votre émule et pair ! Et ce faussaire
Se couvre de vos noms comme d'un bouclier !

Lui, l'émule des preux à la haute stature !
A-t-il jamais subi les baisers de la faim ?
A-t-il mangé des rats immondes, aventure
De Masséna dans Gênes aux abois et sans pain ?

A-t-il du moins tenté l'effort irrésistible
De cent mille soldats la baïonnette au poing
Qui, lancés, trombe humaine à qui tout est possible,
Auraient fait reculer le destin même ? — Point !

Non, rien n'égalera ta honte, ô misérable !
Dans l'obscur avenir comme dans le passé,
Sous quels cieux déterrer un nom plus exécrable
Et quel monstre choisir qui ne soit éclipsé ?

Par lui déshonorés, les yeux de pleurs humides
Cent mille hommes vendus ont mis les armes bas,
Ces armes qui, la veille, en leurs mains intrépides,
Faisaient splendidement la fête du trépas !

J'ai vu ces flots humains captifs ! ô pauvres âmes !
Pâles sous le grand ciel d'ombre et d'horreur voilé,
Oh ! comme ils maudissaient ces généraux infâmes,
Qui, jaloux de Sedan, avaient capitulé !

Nota. — L'auteur de ces vers vient de mourir à Marseille.

Ce noble et vaillant cœur a cessé de battre.

Henri Salva est mort comme il avait vécu, en libre-penseur, en républicain sincère.

Le peuple d'Alsace-Lorraine trouvera dans cette pièce de vers les pesées d'une main hardie ; une véritable explosion d'indignation patriotique.

« Si les morts sentent frémir sous leurs cendres sacrées leurs souvenirs vivants », Henri Salva doit être satisfait, sa mémoire sera toujours chère à ceux qui l'ont connu.

Son vieil ami d'Afrique,

Eugène ROIFFÉ.

Officier en retraite.

Le Père Marchal, ex-aumônier de la garde-impériale, dans une brochure célèbre, a porté sur les principaux généraux de l'empire, familiers du parjure-assassin Louis-Napoléon Bonaparte, le jugement suivant :

O généraux, maréchaux, familiers de César, souvenez-vous que si la France vous a gorgés d'or et d'honneurs, c'est qu'elle comptait qu'à l'heure décisive, vous sauriez déployé pour son salut un peu de courage et un peu de génie ; or, elle vous a trouvés ineptes et lâches à l'heure du péril, et notre génération ne peut plus avoir pour vous, sachez-le bien, que la vénération qu'on éprouve pour les bouquins dorés sur tranches.

Le jugement du Père Marchal est juste ; il est certain pourtant que ce vaillant prêtre n'a pas voulu faire de généralités ; si en face de l'ennemi, des généraux se sont occupés de politique et ont déserté leur poste de combat pour se rendre à Londres *(Bourbaki* et *Boyer)*, si le général *Boyer*, le complice de Bazaine, a insulté la France, si des chefs de corps d'armée, malgré les lois militaires, malgré ce grand homme de guerre, qui fut Napoléon Ier, ont foulé aux pieds leurs devoirs les plus sacrés et fait mettre bas les armes à des armées de 180.000 hommes en présence de la France mutilée, envahie et frappée au cœur, il en est d'autres qui ont protesté et protestent encore contre de pareilles infamies.

Il est consolant de pouvoir opposer aux négociateurs de la capitulation de Metz et de l'armée du Rhin, les Clinchant, les Péchot, les Boissonnet, les d'Andlau, les Lesval, les Lapasset, les Chanzy, les héroïques défenseurs de Belfort, de Phalsbourg, de Bitche, etc.

Lorsque la guerre de 1870 éclata, guerre insensée, déclarée à l'Allemagne par l'Empire aux abois, la discipline n'existait plus, et nos officiers et nos soldats ne se rendaient pas exactement compte de la limite qui existe entre l'obéissance passive absolue et les devoirs envers la patrie.

Tous, soldats, sous-officiers et officiers présentaient dans la bataille une solidité, admirée même de nos ennemis, tous luttaient avec cette ténacité qui est le fond du caractère français, parce que l'amour de la France vivait toujours dans leur âme troublée, mais l'affection et le respect pour leurs généraux et leurs colonels étaient bien morts ; aussi, lorsqu'après les capitulations sans exemples de Sedan et de l'armée du Rhin des hommes de cœur continuèrent cette lutte à outrance, dans laquelle nous devions du moins sauver l'honneur du pays, il se produisit d'étranges paniques : — mais ralliez-vous donc au drapeau, disaient les officiers à leurs soldats. — Nos drapeaux n'existent plus, répondaient ces derniers, les généraux de Sedan et de Metz les ont vendus aux Prussiens..... Répétons-le donc toujours : l'obéissance passive, absolue, sans limites, a été l'une des causes principales de nos désastres.

Après la capitulation en rase campagne de l'armée du Rhin, le prince Frédéric-Charles envoya cent mille hommes au secours de l'armée bavaroise, gravement compromise à la suite de notre victoire de Coulmiers, menacée même d'une perte certaine. Soixante mille Allemands renforçaient en même temps l'armée qui assiégeait Paris.

On a déjà écrit bien des volumes pour démontrer les causes de nos malheurs ; arrêtons-nous à ces considérations, nous les croyons justes :

1° Trahison du maréchal Bazaine et de ses complices ;

2° Obéissance des chefs de corps d'armée au traître Bazaine ;

3° Obéissance des officiers et des soldats à leurs généraux, lorsque ceux-ci leur ordonnaient de déposer les armes en rase campagne ;

4° Incapacité notoire des principaux généraux de l'Empire ;

3° Conséquences matérielles et morales de la capitulation de Metz et de l'armée du Rhin sur la Défense nationale.

Oui, nous le disons bien haut, les officiers et les soldats de l'armée du Rhin avaient le *droit et le devoir* de refuser d'obéir à leurs généraux, en ce qui est relatif à la capitulation.

Oui, les chefs de corps d'armée avaient le droit et le devoir de refuser d'obéir au traître Bazaine dont ils connaissaient les intelligences avec l'ennemi ; en se courbant sous la volonté de cet homme, ils se sont rendus coupables.

Lorsqu'un officier est reconnu dans son grade, on prononce les formules suivantes :

Au nom du peuple français,

Officiers, sous-officiers et soldats, vous reconnaîtrez pour colonel M. X...

et vous lui obéirez dans tout ce qu'il vous commandera pour le bien du service et pour l'exécution des règlements militaires.

Pour l'armée de mer :

Au nom du peuple français,

Officiers, mariniers, quartiers-maîtres et marins, vous reconnaîtrez M. X..., pour votre capitaine de vaisseau et vous lui obéirez dans tout ce qu'il vous commandera pour le bien du service et pour l'honneur du pavillon.

Il est évident, d'après ces formules, que les officiers et les soldats des armées de terre et de mer sont autorisés à juger si les ordres que leur donnent leurs chefs ont pour but l'exécution des règlements militaires, le bien du service et l'honneur du pavillon. Nous le demandons aux honnêtes gens de tous les partis, était-ce pour le bien du service, pour l'exécution des règlements militaires et l'honneur du pavillon, que les généraux bonapartistes capitulaient à Sedan et à Metz et livraient à l'ennemi leurs soldats, leurs canons et leurs drapeaux ?

La jurisprudence en plusieurs circonstances s'est prononcée sur cette matière, et, dans un arrêt d'une cour d'appel, confirmé par la cour de cassation, nous trouvons le considérant suivant :

On ne saurait prétendre que l'ordre de commettre un crime ou un délit soit compris dans les choses pour lesquelles l'obéissance hiérarchique est due ; qu'en droit comme en morale on ne doit pas obéissance à l'ordre de violer une loi pénale ; que si, en exécution d'un pareil ordre un crime ou un délit était commis, l'auteur n'en serait pas excusable, mais qu'à sa responsabilité comme auteur il faudrait ajouter la RESPONSABILITÉ comme complice du supérieur qui l'aurait ordonné............................

Est-ce que ce considérant n'est pas la condamnation absolue des chefs de corps de l'armée du Rhin, responsables, dans une certaine mesure, de l'exécution des ordres donnés par le traître Bazaine ?

La capitulation en rase campagne d'une armée de 180,000 soldats et la remise à l'ennemi des fusils, canons, munitions et drapeaux, qu'on aurait dû détruire conformément aux lois militaires, constituent un crime pour lequel, il est vrai, l'ex-commandant en chef de l'armée du Rhin a été frappé, mais pourquoi, je le répète, a-t-il été frappé seul et pourquoi ceux qui ont exécuté ses ordres, *qui étaient des crimes*, ont-ils été épargnés ?

Le jurisconsulte Faustin Hélie, dans son cours de droit criminel, n'est pas moins affirmatif :

> L'obéissance hiérarchique est l'un des principes fondamentaux de l'ordre social ; mais cette obéissance ne doit être ni *aveugle*, ni *passive* ; elle suppose la légitimité de l'ordre ou du commandement, et cette présomption couvre en général les actes des agents qui l'ont exécuté. Mais la présomption ne doit-elle pas cesser quand l'ordre est *ouvertement criminel* ?
>
> L'officier qui commanderait de faire feu sur une population paisible, d'incendier la maison d'un citoyen inoffensif, devrait-il être obéi ? Et le soldat qui aurait prêté son bras à ces crimes ne serait-il pas coupable de l'incendie et du meurtre ? Dégager l'inférieur de la responsabilité, quand la criminalité de l'action est flagrante, ce serait assurer l'impunité à l'un des coupables, ce serait favoriser la perpétration des crimes en leur procurant des agents irresponsables.

Que les généraux de l'armée du Rhin méditent ces redoutables paroles ; elles frappent également les généraux assassins qui ont collaboré au crime du 2 décembre 1851.

Le colonel Ch. Martin, dans son remarquable ouvrage : *Les assises de Trianon*, en ce qui concerne les responsabilités s'exprime ainsi :

> Quand l'ambition, la vanité et l'incapacité peuvent amener une nation à l'affreuse situation qui a été faite à la France ; quand on songe qu'elles peuvent déchaîner sur un pays toutes les calamités, verser toutes les hontes et toutes les humiliations que nous avons subies, il faudrait être insensé pour ne pas comprendre qu'il est temps d'introduire ou de fortifier dans le monde politique comme dans le monde militaire, le principe de la responsabilité ; — La responsabilité ! Cette sentinelle des consciences faibles, qui est la base de toute justice, de toute morale, et que nous retrouvons à chaque pas comme sanction dans la vie civile et dans la vie privée.

La responsabilité dont parle le colonel Ch. Martin existe bien, et c'est en vain que les Bourbaki, les de Cissey, les Ladmirault, les Canrobert, les Coffinières et autres chercheraient à lui échapper.

Un patriote messin (M. de Bouteiller) a dit : *O discipline militaire, que de faiblesses on a commises en ton nom !*

Nous répondrons : *O obéissance passive, absolue, sans limites, quel crime de lèse-patrie on a commis en ton nom !*

Nous traversons une étrange époque, en vérité, et notre avenir, déjà si compromis par des expéditions lointaines, devient chaque jour plus incertain : n'oublions pas que l'Europe est jalouse de notre crédit, de notre vitalité et que l'Allemagne, qui nous craint encore malgré nos défaites, nous observe et nous menace d'une triple alliance.

Que fait-on, pour résister aux dangers qui nous menacent ? rien ! Nous nous épuisons en efforts stériles et nous perdons, en vaines agitations, en mesquines intrigues, un temps précieux qui devrait être employé au service du pays.

C'est sous l'égide d'un gouvernement foncièrement et franchement républicain que la France se relèvera complètement de ses désastres, assurera la paix, dans la liberté, réorganisera ses forces militaires, mettra de l'ordre dans ses finances, et travaillera avec ardeur et certitude à sa grandeur future.

Au nom de nos sœurs héroïques l'Alsace et la Lorraine, au nom de la Patrie mutilée, au nom de Metz, la cité martyre *lâchement vendue* par un traître à nos ennemis, attachons-nous au parti républicain, c'est-à-dire au seul parti vraiment national. Il sauvegardera l'avenir, nous en avons l'assurance, et si, un jour, nos chères provinces perdues, hélas par les crimes de l'empire, font retour à la France, c'est à lui, à lui seul que nous le devrons.

En ce moment, le rôle de la France doit être entièrement passif ; les yeux fixés sur l'Alsace et la Lorraine, elle doit attendre l'heure propice, hérisser sa frontière de l'Est de forts imprenables, fondre des canons, confectionner des cartouches, renouveler son vieux matériel, fabriquer des fusils par milliers, créer d'immenses magasins de vivres, de chaussures et d'habillement, mettre à la retraite d'office les généraux bonapartistes qui se sont compromis dans les honteuses capitulations de Sedan et de Metz (cette mesure accroîtrait évidemment la force morale de notre armée et diminuerait en même temps celle de nos ennemis), enfin tenir nos régiments en haleine, de façon que nous puissions jeter dans une guerre si nous y étions forcés, 1,200,000 soldats, 100.000 chevaux et 4,000 pièces de campagne.

Un mot encore : Courbés sur le travail, nos dignes régiments se préoccupent beaucoup plus de leur instruction et de leur réorganisation que du mouvement politique qui agite en ce moment le pays.

L'obéissance passive a des limites qu'on ne doit pas franchir, sous peine de se déshonorer. Nous l'avons prouvé et démontré dans le cours de cet ouvrage.

Que nos soldats et nos officiers n'oublient donc jamais, que si la carrière des armes est sacrée quand elle appelle le citoyen à défendre la patrie contre l'étranger, c'est un métier lâche, honteux et flétrissant quand il sert à l'opprimer.

Condamnation à mort et à la dégration militaire du maréchal Bazaine.

Le procès du maréchal Bazaine, jugé à Trianon, fut un procès réellement national.

Après trois ans d'attente, en présence de l'indignation de l'armée, poussé par l'opinion publique, le ministre de la guerre se décida à traduire devant un conseil de guerre l'ancien commandant en chef de l'armée du Rhin, qui, le 23 octobre 1870, avait capitulé en rase campagne, à la tête de 173,000 VAILLANTS SOLDATS, vainqueurs à Borny et à Gravelotte, et rendu à l'ennemi, en violation des lois et des règlements militaires :

METZ LA PUCELLE, notre boulevard sacré, dont les remparts étaient intacts :

800 PIÈCES D'ARTILLERIE de position ou forteresse.

551 CANONS DE CAMPAGNE ;

LE MATÉRIEL DE 83 BATTERIES ;

66 MITRAILLEUSES ;

300,000 FUSILS ;

50,000 SABRES ;

2,000 VOITURES D'ÉQUIPAGES ;

UNE FABRIQUE DE POUDRE complètement installée ;

CINQUANTE-TROIS DRAPEAUX...

La remise des armes et des munitions de guerre à l'ennemi fut un horrible forfait, car les Allemands purent s'en servir contre nos soldats improvisés qui continuaient la lutte à outrance et sauvaient ainsi l'honneur de la France.

La remise des drapeaux au prince Frédéric-Charles, lorsqu'on avait déclaré que ces drapeaux seraient brûlés à l'arsenal était en plus une *lâcheté*.

Les gigantesques débats du procès Bazaine ont démontré jusqu'à l'évidence que l'ancien commandant en chef de l'armée du

Rhin n'avait pas été victime d'événements plus forts que sa volonté, mais qu'il n'avait fait qu'obéir à une basse et vulgaire ambition et cessé d'être le défenseur de son pays, en présence du territoire envahi et des blessures sanglantes de la patrie.

Le conseil de guerre ne s'est pas incliné devant la haute situation militaire de l'accusé, et, par un arrêt fortement motivé, il a condamné à la dégradation militaire et à la peine de mort le maréchal de France, qui, par une capitulation infâme, livrait à l'étranger un lambeau sanglant de son pays.

Cependant l'expiation n'a pas été complète, Bazaine n'a pas fléchi le genou devant le peloton d'exécution. Il a même réussi à recouvrer la liberté qu'on lui avait prise en lui faisant grâce de la vie.

Il appartenait au maréchal de Sedan, au chef des conspirateurs du 16 mai de sauver Bazaine.

La France ne doit et ne peut oublier que conduire une armée française de 120,000 hommes dans l'entonnoir de Sedan fut un crime de lèse-patrie et que le crime fut commis par le maréchal de Mac-Mahon, lequel s'inclina passivement devant les ordres de l'Empereur.

Mac-Mahon par son incapacité proverbiale, par des fautes inouïes fit autant de mal à son pays que la trahison de l'homme de Metz, car Bazaine s'appuya ouvertement sur la capitulation de Sedan pour conclure avec l'ennemi le marché infâme par lequel il livrait Metz et son armée ; aussi le nom de ces deux hommes pèsera éternellement sur la conscience du pays.

Que ces deux noms : Mac-Mahon et Bazaine, soient à jamais maudits ! !

Le conseil de guerre qui jugea le maréchal Bazaine était ainsi composé :

Première fraction.

Généraux de division ayant commandé en chef devant l'ennemi.

M. le duc d'Aumale, président.
M. le général de La Motterouge.
M. le général de Chabaud-Latour.
M. le général Tripier.

Deuxième fraction.

Généraux de division employés de la première division militaire.

M. le général Princeteau.
M. le général Martineau-Deschenez.
M. le général Ressayre.

Juges suppléants.

M. le général Guiod.
M. le général Lallemand.
M. le général Susleau-du-Malroy.

Commissaire spécial du gouvernement : M. le général Pourcet.
Commissaire-adjoint : M. le général de Colomb.

On a entendu 272 témoins à charge et 54 témoins à décharge.

Les débats du procès ont fait la lumière la plus éclatante sur les fautes commises et les défaillances de mémoire (défaillances volontaires) de tous les généraux et officiers d'antichambres plus habiles à conduire un cotillon dans les salons de l'homme de Décembre qu'à diriger leurs brigades et leurs divisions sous le feu de l'ennemi.

Le 10 décembre 1873, les débats furent clos et le Conseil se retira.

Après une délibération de quatre heures, le Conseil rentre en séance.

Pendant la délibération, deux avertissements ont été donnés au public pour prévenir toute marque d'approbation ou d'improbation, de sorte qu'à la rentrée du Conseil s'établit le plus religieux silence.

Il est 8 heures 45 minutes, et la salle est encore aux trois quarts pleine.

Un cordon de gendarmerie mobile entoure le prétoire.

M. le président, d'une voix solennelle, mais qui laisse percer une certaine émotion, prononce le jugement qui suit :

Au nom du peuple français :

Cejourd'hui, 10 décembre 1873,

Le premier conseil de guerre permanent de la première division militaire, délibérant à huis-clos conformément à la loi.

Le président a posé les questions suivantes :

Première question.

Le maréchal Bazaine (François-Achille), ex-commandant en chef de l'armée du Rhin, accusé d'avoir, le 28 octobre 1870, capitulé en rase campagne, est-il coupable ?

Deuxième question.

Cette capitulation a-t-elle eu pour résultat de faire poser les armes aux troupes commandées par le maréchal Bazaine.

Troisième question.

Le maréchal Bazaine est-il coupable de n'avoir pas fait, avant de traiter verbalement ou par écrit, tout ce que lui prescrivaient le devoir et l'honneur.

Quatrième question.

Le maréchal Bazaine, accusé d'avoir, le 28 octobre 1870, capitulé avec l'ennemi et rendu la place de Metz dont il avait le commandement supérieur, sans avoir épuisé tous les moyens de défense, et sans avoir fait tout ce que lui prescrivaient le devoir et l'honneur, est-il coupable ?

Les voix recueillies séparément, en commençant par le juge le moins avancé en grade, et le président ayant émis son opinion le dernier, le Conseil déclare :

Sur la première question, à l'unanimité : Oui, l'accusé est coupable.

Sur la deuxième question, à l'unanimité : Oui.

Sur la troisième question, à l'unanimité : Oui.

Sur la quatrième question, à l'unanimité : Oui.

Sur quoi, et attendu les conclusions prises par le commissaire spécial du gouvernement dans ses réquisitions, vu les articles 210 et 209 du Code de justice militaire, les voix recueillies dans la forme indiquée ci-dessus pour l'application de la peine :

Le Conseil condamne, à l'unanimité, François-Achille Bazaine, maréchal de France, à la peine de mort avec dégradation militaire ;

Et, vu l'article 138 du Code de justice militaire, déclare qu'il cesse de faire partie de l'ordre de la Légion d'honneur, déclare en outre qu'il n'est plus décoré de la médaille militaire.

Le Conseil le condamne, en outre, aux dépens envers l'Etat, en vertu de l'article 139 du même Code.

Enjoint au commissaire spécial du gouvernement de faire donner immédiatement, en sa présence, lecture du présent jugement au condamné devant la garde rassemblée sous les armes et de l'avertir que la loi lui accorde un délai de 24 heures pour se pourvoir en révision.

La séance est levée à 9 heures 45 minutes du soir.

On sait qu'à la suite de ce jugement, une demande en grâce, signée par tous les membres, fut remise au maréchal de Mac-Mahon, lequel commua la peine de mort prononcée contre Bazaine, en vingt ans de détention. Le traître de Metz fut ensuite dirigé sur l'île sainte Marguerite, où fut jouée la comédie de l'évasion.

Conclusion.

La commutation de peine du dégradé Bazaine et l'impunité accordée à ses complices n'ont pas satisfait l'opinion publique. Les hommes alors au pouvoir ont manqué de patriotisme et n'ont pas compris que la mort de ce traître était une nécessité.

Il fallait refaire une virginité d'honneur à notre digne et malheureuse armée. Bazaine devait être dégradé devant des détachements de l'armée française; on devait lui arracher ses décorations, lui briser son épée, lui casser sur le dos son bâton de maréchal de France et le livrer au peloton d'exécution.

Il fallait éteindre dans tous les cœurs jusqu'aux dernières étincelles de la pitié, car le crime commis par cet infâme le mettait hors l'humanité. Le peuple anglais n'aurait pas fait grâce de la vie à Bazaine; sous ce rapport, il est inexorable. L'amiral John Byng, fut condamné à mort et fusillé en 1757 pour avoir été battu à Minorque par La Galissonnière, et pourtant Byng n'avait été reconnu coupable, ni de trahison, ni de lâcheté.

Dans la courte préface de notre ouvrage, nous avons déclaré que Bazaine et ses complices avaient rendu à l'ennemi fusils, canons, poudre, matériel et drapeaux, pour conserver leurs bagages et leurs chevaux. Voici la preuve de ce marché infâme qui aurait dû conduire les chefs de corps d'armée sur les bancs du conseil de guerre :

Déclaration du colonel Villenoisy, ancien directeur du génie au ministère de la guerre, aujourd'hui général de brigade du cadre de réserve.

Le colonel de Villenoisy a déclaré qu'ayant été chargé par le général Coffinières de rechercher les conditions obtenues par des garnisons de places fortes, dans des conditions semblables à celles de l'armée de Metz, il saisit cette occasion pour lui parler de *la destruction des armes et des poudres*.

« Lorsque mon travail fut fait, a déposé le colonel (il est daté du 21 octobre), je le lui portai et il me prescrivit de rédiger, sous forme d'article, ce qui concernait la population civile.

» Le général avait l'air triste et découragé. Nous sortîmes ensemble ; je repris en causant, la thèse de la destruction des armes et du matériel.

» Il me répondit ces mots qui m'ont frappé : « Mon cher camarade, l'ennemi tient à avoir tout en bon état. — Mais, répondis-je, devons-nous soutenir les intérêts des Allemands ou ceux des Français ? — Nous obtenons quelque chose *en échange*, reprit-il, on laissera aux officiers leurs chevaux et leurs effets................ »

Quel marché infâme ! ! On se demande encore comment les généraux qui ont négocié, marchandé et vendu leurs canons, leurs poudres et leur matériel, n'ont pas été traduits devant un conseil de guerre, comme leur digne chef, Achille Bazaine !

Le peuple anglais les aurait tous fait fusiller, sans pitié !

Historique succinct du journal la « Sentinelle » de Nancy. — Duel. — Procès. — Condamnation de son directeur à 4 mois de prison par certains magistrats de Nancy, pour avoir diffamé les complices de Bazaine. — Lettre de M. Hérisson, aujourd'hui ministre du commerce, relative à ces magistrats. — Indignation de ce patriote.

Le 28 octobre 1876, le jour même de la capitulation de Metz et de l'armée du Rhin, eut lieu à Nancy un procès qui impressionna vivement la patriotique population de cette ville.

Nous étions alors sous le gouvernement du maréchal de Sedan, qui, quelques mois plus tard devait se mettre à la tête des conspirateurs du 16 mai, pour étrangler la République et couvrir la France, comme au 2 Décembre 1851, de ruines sanglantes. Ce lâche attentat échoua, comme on le sait, grâce à la conduite patriotique du major Labordère, du 14e de ligne, qui refusa d'obéir aux ordres des assassins du peuple (notre vaillant Labordère est aujourd'hui sénateur).

La *Sentinelle*, journal foncièrement républicain, créé pour combattre à la fois et les menées bonapartistes dans un département mutilé par l'Empire et l'action dissolvante d'un organe jésuite, se disant républicain (le *Progrès de l'Est*), le journal la *Sentinelle*, dis-je, était traduit en police correctionnelle pour y répondre du délit de diffamation envers l'armée.

Voici, du reste l'assignation :

TRIBUNAL CORRECTIONNEL DE NANCY

Assignation à prévenu

CHARLES SCHMITT
huissier audiencier

L'an mil huit cent soixante-seize, le dix-neuf octobre.
A la requête de M. le procureur de la République française, près le tribunal de première instance, séant à Nancy, agissant d'office, sans partie civile, dans l'intérêt de la vindicte publique, lequel fait élection de domicile en son parquet en ladite ville. Je soussigné, Charles-Michel Schmitt, huissier audiencier, près le Tribunal de Nancy, y demeurant :

Ai assigné :
Roiffé Eugène, gérant du journal la *Sentinelle*, demeurant à Nancy, en son domicile, parlant à M. Fillaire, administrateur dudit journal. A comparaître en personne par devant le Tribunal correctionnel séant à Nancy, au Palais de justice de ladite ville, rue et hôtel de la Monnaie, le samedi 28 octobre 1876, à neuf heures du matin, pour répondre et procéder sur l'inculpation à lui faite, d'avoir en 1876, à Nancy, en publiant le jeudi 28 septembre 1876, dans un numéro du journal la *Sentinelle*, dont il est le gérant et qu'il a signé en cette qualité un article intitulé : « *Suites du scandale militaire à l'occasion de l'agression inqualifiable dont M. Ory, rédacteur en chef du « Patriote mussipontain » a été victime »*, commis le délit de diffamation envers l'armée, notamment dans le passage suivant : « *La vie militaire et la vie de famille du directeur de la « Sentinelle » sont pures de toute souillure et ce ne sont pas les lâches et les gredins qui ont vendu Metz à l'Allemagne qui pourront salir sa réputation.* »

En conséquence, s'entendre condamner aux peines portées par les articles 5 de la loi du 25 mars 1822 et 5 de la loi du 29 décembre 1875 et 194 du Code d'instruction criminelle.

Dont acte duquel je lui ai remis et laissé la présente copie, étant et parlant que dessus.

Coût : Soixante centimes.
Signé : Ch. Schmitt.

M'accuser d'avoir diffamé l'armée parce que j'avais traité de lâches et de gredins quelques généraux qui avaient livré Metz et nos soldats à l'ennemi était un véritable comble, et il fallait certainement l'audace des souteneurs du maréchal de Sedan pour avancer un pareil fait.

Malgré l'éloquente et patriotique plaidoirie de Mᵉ Larcher, mon avocat, plaidoirie qui fut couverte d'applaudissements, en face de Metz, la cité martyre, sur ce lambeau de notre vieille Lorraine, le 28 octobre, le jour même du lugubre anniversaire où la ville et nos vaillants régiments étaient livrés à l'ennemi, à la suite de la plus lâche et de la plus infâme des trahisons ; ce jour-là, des magistrats de Nancy me condamnaient à quatre mois de prison et 5,000 francs d'amende pour avoir « diffamé l'armée ».

Immédiatement, j'interjetai appel de ce jugement, bien décidé à épuiser toutes les juridictions.

La Cour d'appel de Nancy confirma le jugement, maintint les peines prononcées contre moi, tout en déclarant que je n'avais pas diffamé l'armée, mais une certaine catégorie d'officiers.

Je me pourvus en Cassation, mon pourvoi fut rejeté. Aujourd'hui, j'ai payé mon amende jusqu'au dernier centime et subi mes 4 mois de prison jusqu'à la dernière minute.

La condamnation qui m'a frappé est un titre d'honneur et j'ai le droit d'en être fier, elle m'a créé d'illustres relations, attiré de nombreuses sympathies et le jour où Victor Hugo, notre immortel poète, me serra la main et me reçut à sa table, ce jour là j'étais bien vengé.

Pendant un an, du 15 mai 1876, au 5 mai 1877, la *Sentinelle* a tenu haut et ferme le drapeau de la Révolution française, mon journal a combattu à outrance les faux républicains et surtout les honteux débris du parti bonapartiste, qui, dans Meurthe-et-Moselle étaient soutenus par le général Abattucci, commandant la division, mais aussi que de haines cachées, que de colères impuissantes ! Une de ces colères se fit jour pourtant et à la suite d'une polémique violente, une rencontre fut décidée entre un officier bonapartiste et le directeur de la *Sentinelle*; en voici simplement le résultat :

PROCÈS-VERBAL DU 1ᵉʳ OCTOBRE.

La rencontre fixée dans le procès-verbal du 30 septembre a eu lieu aujourd'hui dimanche, 1ᵉʳ octobre 1876, sur la frontière, à l'heure convenue. Après un engagement les deux adversaires ayant été touchés, M. Roiffé au biceps droit traversé de part en part et M. Bresson à l'avant-bras droit,

Les deux blessures ont été jugées par M. le docteur Reboulleau et par M. le docteur Stieldorff, médecin-major au 2ᵉ de hussards, comme mettant fin au combat. Les témoins ont déclaré l'honneur satisfait.

Ont signé :

Pour M. le lieutenant BRESSON.

ROGER DE LESTAPIS, sous-lieutenant au 2ᵉ de hussards ;
DENIS HUGUES, lieutenant ;
REBOULLEAU, docteur.

Pour M. ROIFFÉ.

Auguste JUDLIN, homme de lettres ;
GABRIEL, rédacteur de la *Sentinelle* ;
STIELDORFF, médecin-major au 2ᵉ de hussards.

Lettre de M. Hérisson, avocat à la Cour de cassation, aujourd'hui ministre du commerce, relative aux magistrats de Nancy qui ont prononcé le jugement condamnant M. Roiffé à 4 mois de prison et 5,000 fr. d'amende. — Indignation de ce patriote.

Paris, 29 décembre 1876.

Mon cher Monsieur,

J'ai reçu vos lettres avant-hier, celle contenant le montant des amendes et frais à déposer avant samedi. Ce matin l'arrêt de liberté provisoire, mais je n'y ai pas trouvé joint le certificat de versement du receveur de l'enregistrement de Nancy de la somme de 5,300 francs. Cette pièce est nécessaire, envoyez-la moi de suite, si vous avez versé. J'en ai assez cependant pour empêcher la déchéance samedi, mais il faut cependant se hâter, car nous ne dépasserons guère la semaine prochaine.

Parmi les pièces et documents à m'adresser de suite je vous signale le numéro de la *Sentinelle* du 28 septembre 1876 qui contient l'article incriminé.

L'acharnement de vos magistrats m'indigne plus qu'il ne m'étonne. Car ce n'est pas un exemple isolé dans notre pays de France.

Votre tout dévoué,
Ch. HÉRISSON.

Résumé : Du 15 mai 1876, au 5 mai 1877, la *Sentinelle* m'a coûté 61,000 francs, un coup d'épée, 4 mois de prison et la santé de Mme Roiffé gravement compromise. Je suis loin de regretter ces sacrifices, mais ce qui me soulève le cœur de dégoût et me fait encore aujourd'hui bondir d'indignation, c'est de songer qu'à Nancy, d'ignobles drôles ont cherché à me faire passer pour bonapartiste ; bientôt je démasquerai ces fourbes et ces lâches car la *Sentinelle* comme le *Phénix* renaîtra de ses cendres.

Pour terminer, je place sous les yeux de mes lecteurs l'article du journal la *Lanterne* du 14 mai 1877, donnant la juste mesure de la loyauté des députés du département de Meurthe-et-Moselle.

Mort à Roiffé !

On ne saurait croire comme il faut peu de chose pour qu'un républicain de nuance foncée soit qualifié de « mauvais citoyen » par les républicains rose tendre. Quand les Veuillot, les Loth, les Roussel du *Monde* et de l'*Univers* ; quand les êtres innommables de la *Défense* appellent au nom du pape, Victor-Emmanuel usurpateur, geôlier et même filou, maître Jules Simon et son collègue Martel déclarent avec toutes sortes de précautions que c'est là « un langage regrettable. »

Quand M. Roiffé publie dans la *Sentinelle de Nancy* un article injurieux pour le czar, maître Simon et son collègue s'écrient en pleine Assemblée : « C'est une infamie ! »

L'article du journal radical de Meurthe-et-Moselle, bien que dicté par la haine de l'autocratie, est imprudent, nous l'admettons, dans un moment où la France caresse le rêve d'une alliance russe. Mais une alliance italienne ne serait guère moins précieuse pour nous, considération qui n'a jamais empêché les hommes pieux de vider des tombereaux d'ordures sur la tête du roi d'Italie. Cependant on a vu avec quel empressement la gauche modérée s'est emparée de l'incident Roiffé pour donner au radicalisme le coup de pied de l'opportunisme. C'est avec une sorte de délire que pendant toute une séance les républicains enrégimentés se sont exercés à tirer sur leurs propres troupes. Personne, dans la Chambre, n'a songé à faire observer qu'il n'y avait là de la part de M. Roiffé qu'une maladresse produite par un amour trop ardent de la liberté. Ah ! s'il avait toujours marché dans la ligne tracée par les Pascal Duprat et les Jules Ferry, M. Roiffé eût encore trouvé quelques défenseurs. Mais il a constamment, dans son journal, réclamé l'amnistie pleine et entière, combattu cette politique de concessions qui mène la République à une concession de cimetière, et soutenu les Saint-Martin et les Mie contre les Steeg et autres pasteurs. Alors, ce qui, dans les circonstances actuelles, pouvait passer tout au plus pour une inconséquence, est devenu une infamie, et cet homme d'honneur, qui récemment encore risquait dans un duel sa vie pour la République, qui payait d'une grosse amende flanquée de quatre mois d'emprisonnement, l'ardeur de ses convictions, s'est vu traité de « mauvais citoyen » par le garde des sceaux, aux applaudissements réitérés de la majorité républicaine, mêlée à la minorité réactionnaire.

Un de ces députés qui poussent la modération jusqu'à la rage a même poussé ce cri :

« C'est un bonapartiste ! »

Accusation d'autant plus loyale et vraisemblable que celui qui le dénonçait était précisément le cacaotier Cassagnac. M. Roiffé étant sous les verrous et son journal dans la tombe, les quatre représentants opportunistes de Meurthe-et-Moselle ont trouvé généreux de faire imprimer une lettre déclarant que la *Sentinelle* de Nancy n'avait jamais été considérée, dans le département, comme une feuille républicaine. Ces calomnies misérables constituent aujourd'hui tout un système de polémique à l'usage des battus des dernières élections d'Avignon et de Bordeaux. Les *Droits de l'homme* non plus n'étaient pas républicains, mais leurs candidats n'en étaient pas moins élus par tous ceux qui tiennent sérieusement à la République. Si bien que les juges de l'Empire ont dû suspendre pour six mois ce journal qui, par un raffinement de perfidie, une fois ses protégés nommés, les envoyait siéger à l'extrême gauche.

Mais puisque M. Roiffé est un mauvais citoyen pour avoir

injurié le czar, ce sont des citoyens non moins mauvais ceux qui réclamaient la grâce de Berezowski, le jeune Polonais coupable d'avoir tiré sur lui. Et les jurés qui, au lieu de condamner à mort le meurtrier, lui ont accordé des circonstances atténuantes, sont de mauvais citoyens aussi, car rien au monde n'est moins excusable qu'un attentat à la vie du souverain qui fait le bonheur de la Pologne. La France devient ainsi une pépinière de citoyens détestables.

La vérité est que les députés de Meurthe-et-Moselle se sentent, devant les progrès de la politique de principes, pris d'une peur atroce d'être remplacés par des radicaux, et que voyant notre confrère Roiffé bien calfeutré dans une cellule, ils se sont dit:

« Profitons de ce qu'il est incapable de se défendre pour tâcher de le déshonorer. Quand il sera bien coulé dans l'opinion publique, il ne pourra plus nuire à notre réélection. »

Millière, également, a été fusillé comme bonapartiste, et c'est pour avoir voté oui, au plébiscite que M. Corruschi, a été présenté au peloton d'exécution. Cette ficelle est excellente. Son seul défaut est de commencer à s'user. Les députés de Meurthe-et-Moselle auraient au moins dû venir eux-mêmes signaler à la tribune la *Sentinelle de Nancy* comme antirépublicaine. Mais appuyer Cassagnac dans une dénonciation est un singulier moyen de se recommander aux électeurs démocrates. Si naïfs qu'ils puissent être, les adversaires de M. Roiffé doivent pourtant savoir que les insultes du bateleur du *Pays* constituent, pour tout homme qui les subit, un brevet de civisme, de sincérité et d'honneur.

Nancy, Typographie Crépin-Leblond.

www.ingramcontent.com/pod-product-compliance
Lightning Source LLC
Chambersburg PA
CBHW070300100426
42743CB00011B/2277